Platon

rowohlts monographien
begründet von Kurt Kusenberg
herausgegeben von Wolfgang Müller
und Uwe Naumann

Platon

Dargestellt von Uwe Neumann

Rowohlt Taschenbuch Verlag

Umschlagvorderseite: Kopf des Platon. Kopie aus der Zeit
des Kaisers Tiberius nach einer Bildnisstatue vermutlich
des attischen Bildhauers Silanion, etwa Mitte des 4. Jahrhunderts v. Chr.
Umschlagrückseite: Schluss eines Papyrus mit Platons
«Symposion», rechts der Titel
Die Schule von Athen. Fresko von Raffael, 1508–1511.
Der Ausschnitt zeigt Aristoteles im Gespräch mit einem
weißhaarigen Mann, der Platon darstellen soll,
dem Raffael aber die Züge Leonardo da Vincis verlieh.

Seite 3: Platon. Gemälde von Pedro Berruguete, um 1477
Seite 7: Sokrates schreibt Plato. Buchmalerei aus dem
«Buch der Weissagungen», 13. Jahrhundert

Originalausgabe
Veröffentlicht im Rowohlt Taschenbuch Verlag GmbH,
Reinbek bei Hamburg, April 2001
Copyright © 2001 by Rowohlt Taschenbuch Verlag
GmbH, Reinbek bei Hamburg
Alle Rechte an dieser Ausgabe vorbehalten
Dieser Band ersetzt die 1969 erschienene
Platon-Monographie von Gottfried Martin
Umschlaggestaltung Ivar Bläsi
Redaktionsassistenz Karolin Marhencke,
Katrin Finkemeier
Reihentypografie Daniel Sauthoff
Layout Gabriele Boekholt
Satz PE Proforma *und* Foundry Sans *PostScript,*
QuarkXPress 4.1
Gesamtherstellung Clausen & Bosse, Leck
Printed in Germany
ISBN 3 499 50533 9

Die Schreibweise entspricht den Regeln
der neuen Rechtschreibung.

INHALT

Politik und Philosophie

ATHEN UND DIE NEUE FRAGE DER MACHT

Auch wenn Platon als Schöpfer der Ideenlehre und Initiator des abendländischen Philosophierens heute eher ein universeller Bezugspunkt der Philosophiegeschichte als eine konkrete Person, auch wenn seine Heimat eher die Unzahl der Bücher von Philosophen und Philosophiehistorikern als das Athen seiner Zeit zu sein scheint, seine Philosophie ist nicht im geschichtslosen Nirgendwo entstanden. Sie ist vielmehr eine Reaktion auf die politischen und geistigen Veränderungen, die sich in der vielleicht dynamischsten Epoche der griechischen Antike, im Athen des 5. und 4. Jahrhunderts v. Chr. ereignet haben. Der Tiefe, in der die Menschen von diesem historischen Wandel erfasst wurden, der Dringlichkeit, mit der sich dabei neue Probleme stellen mussten, entsprach eine in der Philosophie bislang unbekannte Radikalität, mit der Platon seiner Zeit und damit der europäischen Geistesgeschichte neue Perspektiven erschloss.

Selbstverständlich kann man sich mit der Philosophie Platons auch ohne Kenntnis des historischen Umfelds beschäftigen. Doch die elementare Kraft seines Denkens wird erst dann anschaulich begreifbar, wenn man weiß, woraus es sich speist: einem Unbehagen und einer Empörung über die Verhältnisse seiner Zeit. Es ist deshalb wohl kaum übertrieben, die letzten Wurzeln für alle in den platonischen Dialogen behandelten Probleme und Themen in den Konflikten und krisenhaften Momenten seiner Zeit zu sehen.[1]

Platon wurde im Archontat des Diotimos geboren, also zwischen dem Sommer 428 v. Chr. und dem des folgenden Jahres 427 v. Chr. Kurz zuvor, 429 v. Chr., starb Perikles, jener Politiker, in dessen

Themistokles, Athens führender Feldherr und Politiker während der Perserkriege. Griechische Porträtbüste

Regierungszeit sich die attische Demokratie fest etabliert hatte und Athen auf den Gipfel seiner Macht gelangt war. Der Weg von einem eher unbedeutenden griechischen Stadtstaat zur Großmacht hatte bereits mit den Perserkriegen begonnen, in denen den Athenern die bestimmende Rolle unter den griechischen Städten zugefallen war: Im Jahr 480 v. Chr. schlugen die Athener die persische Flotte bei Salamis vernichtend. Im Sommer 479 v. Chr. wurde bei Platäa auch das persische Heer besiegt. Durch diese beiden militärischen Entscheidungen war die Gefahr einer persischen Invasion gebannt.

Die Behauptung der politischen Freiheit gegen die äußere Gefahr hatte auch Folgen im Inneren Athens: Ohne die Beteiligung aller Bevölkerungsschichten, ohne die Bereitschaft auch der nicht-adeligen Bürger, Verantwortung zu übernehmen, wäre der militärische Sieg über die Perser nicht möglich gewesen. Jetzt drängten diese Athener darauf, mehr Einfluss auf die Politik nehmen zu können. Der Prozess, der zur Herausbildung der Demokratie führt, kommt in Gang. Ein zweiter Umstand unterstützte diese Bestrebungen: Athen war nicht länger ein kleiner, für sich existierender Stadtstaat, sondern hatte ein weit ausgreifendes Netz von Verbündeten geknüpft, besaß zahlreiche Inseln, nahm an vielen Stellen Einfluss und musste Politik größeren Stils betreiben. Zur Gestaltung der vielfältigen neuen Aufgaben Athens wurden weit mehr Menschen benötigt, als das vorher der Fall war. Innerhalb kürzester Zeit mussten die Athener lernen, die neu erworbene Machtfülle politisch zu gestalten. Dies führte zu einer Beteiligung der gesamten Bürgerschaft an der Politik. Ständig war man auf der Suche nach Feldherren, Schiffskommandeuren und Experten aller Art. Denn nun mussten politische Entscheidungen mit größerer Tragweite getroffen werden: Neues Wissen, neue Kenntnisse waren gefragt, um der gesteigerten Macht Athens gewachsen zu sein. Aus der Tradition ließen sich keine Maßstäbe, keine Hilfen für Handlungssicherheit gewinnen. Der Adel und sein Normgefüge verloren deshalb an Einfluss. Zu neu, zu entfernt von allem bisher Bekannten waren die politischen, gesellschaftlichen und geistigen Aufgaben, die nun der Gestaltungskraft aller Athener gestellt waren.

Diese Herausforderungen setzten einen guten Teil jener Energie frei, die zur geistigen und kulturellen Blüte, zur klassischen Periode Athens führte. Nahezu auf jedem kulturellen Feld entstanden höchste Leistungen, denen später das Prädikat des Klassischen verliehen werden sollte. Die attische Tragödie erreichte mit Aischylos, Sophokles und Euripides ihre Vollendung. Gerade in dieser Literaturform zeigt sich, wie sich die Athener in den Künsten ein Medium der Selbstreflexion geschaffen haben. Die Tragödien behandelten zwar mythische Stoffe, doch im Grunde genommen wurden die Probleme und Fragen der eigenen Zeit in verfremdeter Gestalt auf die Bühne – und in das Bewusstsein der Zuschauer – gebracht. Wie sich der Einzelne zum Staat verhalten sollte, welche Bedeutung

Der Dichter Euripides. Römische Porträtbüste, 2. Jahrhundert n. Chr., nach einem griechischen Original, 5. Jahrhundert v. Chr.

der alte Götterglaube, die sich auflösenden adeligen Normen noch für sich beanspruchen konnten, wie die Macht den Menschen und das soziale Zusammenleben veränderte – alle diese Fragen brachten die Tragiker zur Anschauung. Ähnliche Bedeutung besaß die Geschichtsschreibung, in der Herodot und Thukydides Maßstäbe setzten. Besonders das Werk des Thukydides über den

Der Historiker Thukydides.
Hellenistische Porträtbüste

Peloponnesischen Krieg zeichnet ein genaues Bild des zeitgenössischen Menschen. Den Lauf der Geschichte bestimmen bei ihm nicht mehr die Götter, sondern in der Natur des Menschen liegen die Antriebe wie Furcht, Hoffnung und das, was er das «Mehrhabenwollen» nennt. Das ästhetische Können und die ökonomische Macht Athens wurden in dieser Zeit gerade in den prachtvollen Bauten und den Skulpturen der Akropolis sichtbar. Hier entstand jener Festplatz der griechischen Götter, der bis heute als beispielhaft klassisch erscheint. Die Propyläen, der Nike-Tempel, der Marmorbau des Parthenon, in dem das berühmte Goldelfenbeinbild der Athena Parthenos, ein Werk des Bildhauers Phidias, aufgestellt wurde, ferner das Erechtheion

Die Sophisten ermöglichten ihren Schülern durch Rhetorik und Dialektik Einfluss im öffentlichen Leben zu gewinnen. Sie boten erstmals Wissen für Geld als ‹Ware› an. Die Hauptvertreter sind:
  Protagoras von Abdera, der ein stark subjektivistisch und relativistisch geprägtes Denken vertrat («Der Mensch ist das Maß aller Dinge.»);
  Gorgias von Leontinoi, dessen Redelehre vor allem die Möglichkeiten psychologischer Beeinflussung heraushob;
  Prodikos von Kos, dessen Synonymik in gewisser Weise der Definitionskunst des Sokrates vorarbeitete und
  Hippias von Elis, der Lehrbücher zu unterschiedlichen Wissensgebieten verfasste.

mit der Korenhalle – alle diese Bauten sind Ausdruck des neuen Geistes und drücken die Leistungsfähigkeit Athens auf glanzvolle Weise aus. Die Athener scheinen sich an ihren Möglichkeiten und Fähigkeiten geradezu berauscht zu haben. Ihr Selbstbewusstsein stieg beträchtlich, und es wurde durch die zentrale Bildungs-

macht des 5. Jahrhunderts v. Chr., die Sophistik, noch weiter geho-
ben. Der Ansatz des sophistischen Bildungsprogramms war ausgesprochen optimistisch, verhieß es doch, mit gekonnter und wir-
kungsmächtiger Rhetorik ließe sich im Grunde jedes Ziel erreichen
und diese Kunst sei – wie jede andere Fähigkeit auch – erlernbar.
Durch ihre Bildungsangebote wollten die Sophisten das für eine
politische Karriere notwendige Rüstzeug vermitteln. Insbesondere
durch profunde rhetorische Schulung sollten ihre Schüler Leis-
tungs- und Durchsetzungsfähigkeit erwerben, um den Kampf um
Einfluss, hohe politische Posten und Prestige erfolgreich bestehen

zu können. Der letzte Triumph dieses neuen Selbstwertgefühls war die Zuversicht, dass selbst der Zufall durch gekonnte Kalkulation auszuhebeln sei.[2] Offenbar gab es eine derartig entfesselte Dynamik nur in Athen; Thukydides jedenfalls stellt dieses athenische Wesen gegen das der Spartaner: «Sie sind Neuerer, leidenschaftlich, Pläne auszudenken und Beschlossenes wirklich auszuführen, ihr [die Spartaner] aber, das Bestehende zu bewahren, ja nichts zu erfinden und im Handeln auch das Notwendige nicht zu erfüllen. Und wiederum sind sie Draufgänger über ihre Macht, waghalsig über jede Vernunft und in Nöten hoffnungsvoll [...]. Und immer gehen sie frisch ans Werk gegenüber euch Zauderern, sind Weltfahrer gegen euch Nesthocker [...]. Einen nicht durchgeführten Anschlag empfinden sie, als hätten sie vom Eigentum eingebüßt, aber jede Eroberung, als sei ihnen nur ein erster Anfang gelungen; wenn ihnen gar – selten genug – ein Versuch fehlschlägt, so schließen sie die Lücke schnell durch eine neue Hoffnung – denn bei ihnen allein ist es gleich, ob sie haben oder hoffen, was sie sich vorgenommen haben, weil sie jeden Beschluß so rasch ins Werk setzen.»[3]

Das Bewusstsein der eigenen Fähigkeiten drückte sich vor allem in der Rhetorik aus, die nun zum prägenden Kommunikationsmedium wurde. Nicht dass es nicht schon vorher rhetorisches Sprechen und Sinn für sprachliche Wirkung gegeben hätte, das lässt sich schon bei Homer nachweisen. Doch im 5. Jahrhundert kam unter dem Einfluss der Sophisten der auf Wirkung zielenden Rede eine neue Qualität zu: Die Möglichkeiten, mit rhetorischen Mitteln Situationen zu beeinflussen, erweiterten sich erheblich, weil führende sophistische Denker zugleich einen erkenntnistheoretischen Relativismus vertraten. Gorgias von Leontinoi etwa stellte in seiner philosophischen Schrift «Über das Nichtseiende» drei Thesen auf: Es existiert nichts; sollte doch etwas existieren, ist es für den Menschen nicht erkennbar; und selbst wenn es erkennbar wäre, ist es nicht mitteilbar. Auf diese Weise koppelt er die Ebene der Sprache und der Verständigung von der der Wirklichkeit ab, und damit erweitert sich das Feld, auf dem rhetorische Mittel Anwendung finden können: Die Rhetorik wird aus bislang wie selbstverständlich geltenden Abhängigkeiten von realen Sachverhalten gelöst und kann gewissermaßen autonom ihre Ziele verfolgen. Das bedeutet aber, dass sich die Wahrheit einer Rede nicht mehr durch Verweis auf eine irgendwie geartete objektive Ebene beglaubigen ließ. Allein die Durchsetzungsfähigkeit, die einer Rede immanent zukommt – etwa durch geschickte Argumentation und wirkungsvolle Sprachform –, entscheidet über Sieg oder Niederlage. Diese Form der Kommunikation gab nicht mehr vor, dass die Wahrheit Kriterium einer Entscheidung sei. Die Rede ist nicht mehr Abbild von Realität, sondern bringt selbst erst Realität hervor.[4]

Die Griechen hatten eine besondere Vorliebe für Wettkämpfe, für Agone. Und der Agon wurde jetzt zum beherrschenden Muster, nach dem politische oder juristische Konflikte ausgefochten wurden. Der sophistisch geprägte Redner hat demnach nur ein Ziel: sich im Agon durchzusetzen. Um dieses Ziel mit hoher Wahrscheinlichkeit zu erreichen, muss er seine Rede so flexibel handhaben, dass er je nach Situation pro oder contra argumentieren kann. Hier erhielt das ohnehin gewachsene Selbstwertgefühl des Menschen seine letzte Begründung: In dem Maß, in dem er allein mit seiner Redefähigkeit Situationen gestalten konnte, wurde die Rede zum «Inbegriff menschlichen Könnens überhaupt»[5]. In einem eindrücklichen Rededuell werden bei Thukydides die Gefahren einer schrankenlos eingesetzten Rhetorik ausgesprochen. Einer der Redner, Kleon, hält den Athenern vor: «Was geschehen soll, beurteilt ihr nach einer guten Rede als mög-

Wettläufer.
Panathenäische Preisamphora, um 500 v. Chr.

lich, was schon vollbracht ist, nicht nach dem sichtbaren Tatbestand, sondern verlaßt euch auf eure Ohren, wenn ihr eine schöne Scheltrede dagegen hört. Auf die Neuheit eines Gedankens hereinfallen, das könnt ihr gut, und einem bewährten nicht mehr folgen wollen – ihr Sklaven immer des neuesten Aberwitzes, Verächter des Herkommens, jeder nur begierig, wenn irgend möglich, selber reden zu können, oder doch um die Wette mit solchen Rednern bemüht zu zeigen, daß er mit dem Verständnis nicht nachhinkt, ja einer geschliffenen Wendung im voraus beizufallen, überhaupt erpicht, die Gedanken des Redners vorweg zu erraten, langsam nur im Vorausbedenken der Folgen; so sucht ihr nach einer anderen Welt gleichsam, als in der wir leben, und besinnt euch dafür nicht einmal auf das Nächste zur Genüge; kurz, der Hörlust preisgegeben tut ihr, als säßet ihr im Theater, um Redekünstler zu genießen, und hättet nicht das Heil des Staates zu bedenken.»[6] Sein Kontrahent stimmt mit Kleon zumindest in der Analyse der Rhetorik als durchaus ambivalenter Gestaltungsmacht überein: Es sei für eine Stadt besser, wenn sie ungeübte Redner hätte, lautet das paradoxe Urteil des Diodotos.[7] Die Gestaltung der athenischen Politik ist zwar ohne die Rhetorik nicht vorstellbar, doch die Gefahren des so universell einsetzbaren Wortes traten im 5. Jahrhundert ebenso deutlich zu Tage. Das vorherrschende Ziel der Rhetorik war es, Macht über andere zu gewinnen. Insofern verschärfte sie die Spannung zwischen Einzel- und Gemeininteresse und heizte das Streben nach persönlicher Macht weiter an. Das Gesamtinteresse des Staates geriet so zunehmend außer Acht, und mitunter war der Zusammenhalt der Bürgerschaft akut gefährdet. Denn indem die Demokratie erstmals alle Bürger an der Politik beteiligte und dem persönlichen Erfolg keine institutionellen Schranken mehr entgegenstanden, setzte ein heftiger Wettbewerb ein. Bei Thukydides wird Perikles als der letzte athenische Staatsmann charakterisiert, der seine Kräfte in den Dienst der gemeinsamen Sache stellte. Nach seinem Tod erlangte ein neuer Typus von Politikern das Sagen, und deren egoistisches Vorgehen verursachte nach dem Urteil des Thukydides auch die Niederlage Athens: «Denn er [Perikles] hatte ihnen gesagt, sie sollten sich nicht zersplittern, die Flotte ausbauen, ihr Reich nicht vergrößern während des Krieges und die Stadt nicht aufs

Spiel setzen, dann würden sie siegen. Sie aber taten von allem das Gegenteil und rissen außerdem aus persönlichem Ehrgeiz und zu persönlichem Gewinn den ganzen Staat in Unternehmungen, die mit dem Krieg ohne Zusammenhang schienen und die, falsch für Athen selbst und seinen Bund, solange es gut ging, eher einzelnen Bürgern Ehre und Vorteil brachten, im Fehlschlag aber die Stadt für den Krieg schwächten.»[8]

Vorerst jedoch führte der in Athen frisch entfesselte Wettkampf zu Erfolgen: Athen konnte seine Macht auf dem griechischen Festland und den Inseln immer mehr ausweiten. – Der rasante Machtzuwachs warf jedoch bald ein neues Problem auf: Wie sollte man mit diesem ungeheuren Phänomen umgehen? Aus Reflexen in der Geschichtsschreibung und der Tragödie wird das Erschrecken der Athener deutlich, als sie der Doppeldeutigkeit der Macht gewahr wurden:

Der Politiker Perikles. Römische Kopie nach einem Original des Kresilas, um 440 v. Chr.

Die Macht, die man besitzt, erhält und möglichst vergrößert, steht gegen jene, von der man bedroht und sogar ernsthaft gefährdet wird, wenn man die falschen politischen Entscheidungen trifft und der Hass der Beherrschten eine Schwäche ausmachen kann. Im zeitgenössischen Denken entwickelte sich eine Auffassung von Macht, die ihrem Wesen nach als unteilbar gedacht ist und der eine Eigengesetzlichkeit zukommt, die einen Ausgleich mit moralischen oder ethischen Rücksichten weitgehend ausschließt. Bündnisse werden daher nur nach ihrem Nutzen geschlossen; in der Ausnutzung militärischer Siege kommt das Recht des Stärkeren ohne Einschränkungen zum Zuge; kein Schwächerer kann mit Gnade rechnen. Wie ein Autor anmerkt, wäre das auch völlig widersinnig, denn überall werde der Herrschende vom Beherrschten gehasst.[9]

Deutlich lässt auch Thukydides die Athener eine Maxime ihres Handelns aussprechen: «Wir glauben nämlich, vermutungsweise, daß das Göttliche, ganz gewiß aber, daß alles Menschenwesen allezeit nach dem Zwang seiner Natur, soweit es Macht hat, herrscht.» [10] Ähnlich ihr Feldherr Alkibiades: «So können wir es uns nicht einteilen, wie weit wir herrschen wollen, sondern nachdem wir einmal so weit sind, braucht es notwendig immer neue Anschläge auf die einen, straffe Führung der anderen, weil uns droht, selber anderen zu dienen, wenn wir nicht selber andere beherrschen.» [11] Und mit dem Verweis auf die Gerechtigkeit oder das Recht kann nur zwischen gleich starken Partnern argumentiert werden; ansonsten setzt der jeweils stärkere seine Interessen durch. Fernab jeder moralischen Bindung zählt allein der Vorteil: «Für einen Menschen, der als Tyrann, für einen Staat, der über ein Reich herrscht, ist nichts widersinnig, was vorteilhaft, nichts zugehörig, was nicht verläßlich; mit jedem muß er Freund oder Feind werden nach dem Gebot der Stunde.» [12]

Nach der Darstellung des Thukydides fallen diese Äußerungen, als der Peloponnesische Krieg schon lange ausgebrochen ist. Doch dieser Krieg hatte sich folgerichtig aus dem skizzierten Machtdenken ergeben: Er entsteht 431 v. Chr. aus den sich verschärfenden Spannungen der beiden Großmächte Athen und Sparta, die beide von dem Willen getrieben werden, die Hegemonie in Griechenland zu erringen, beide jedoch auch bedrängt von tiefem Misstrauen, ja Furcht vor ihrem Rivalen. Eine friedliche Koexistenz der beiden Staaten Athen und Sparta erschien undenkbar.

Die Furcht Spartas macht auf ein weiteres typisches Merkmal dieser Zeit aufmerksam: Trotz aller Rationalität und kalkulierten Methodik der Politik zeigen sich die Menschen paradoxerweise doch häufig in bemerkenswerter Weise von ihren Affekten gesteuert. Thukydides betont immer wieder, wie an wichtigen Weichenstellungen letztlich nicht rationales Abwägen, sondern impulsives Nachgeben gegenüber den eigenen Trieben die Entscheidung steuert. Der Kriegsausbruch ist das erste Glied in einer langen Kette emotional gefällter Entscheidungen, und der waghalsige Versuch, aus Herrschsucht auch das ferne Sizilien unter

Spielender Knabe. Innenbild einer Schale von Makron, 490 / 480 v. Chr.

seine Kontrolle zu bringen, ist die letzte Station vor der Niederlage Athens im Jahr 404 v. Chr.

Der Peloponnesische Krieg wurde fast dreißig Jahre lang mit rücksichtsloser Brutalität und nicht minder erschreckender machtpolitischer Konsequenz geführt. Der Einfluss des Kriegserlebnisses auf Platon muss prägend gewesen sein. Seine Jugendzeit war fast ausschließlich Kriegszeit, und wenn er später eine Philosophie schuf, die sich von der empirischen Wirklichkeit distanziert, wird man bedenken müssen, dass die Welt, die er als Heranwachsender kennen lernte, vom Krieg und seinen Folgen verdunkelt und entstellt war. Vielleicht liegt hierin der erste Anstoß, eine Welt von unveränderlichen und in sich vollkommenen Ideen zu denken? In seinem letzten Werk, den *Gesetzen* (*Nomoi*), schildert Platon ein vergangenes goldenes Zeitalter, das im scharfen Kontrast zur eigenen Gegenwart steht und exemplarisch deutlich werden lässt, was Platon an seiner Zeit gestört hat. Die Menschen dieser idyllischen Vergangenheit, heißt es, hätten von den Göttern als Hilfe gegen die Not die Töpfer- und Weberkunst erhalten: *Aus diesem Grunde blieben sie denn vor besonderer Armut bewahrt und demgemäß auch vor den Zwistigkeiten, deren Quelle die Armut ist. Anderseits war es aber auch unmöglich für sie, etwa reich zu werden bei dem Mangel an Gold und Silber, der damals unter ihnen bestand. In einem Gemeinwesen aber, dem Reichtum und Armut fremd sind, wird auch die beste Gesittung zu finden sein. Denn weder Frevelmut noch Ungerechtigkeit kommen da auf, auch nicht Eifersucht und Neid. So waren sie denn wohlgesittet nicht nur aus diesem Grunde, sondern auch durch jene ‹Einfalt›, wie man es nennt; denn wenn ihnen etwas als (sittlich) schön oder häßlich bezeichnet wurde, so entspreche das auch, meinten sie in ihrer Einfalt, in vollstem Sinne der Wahrheit, und dieser Überzeugung folgten sie in ihrem Handeln. Denn eine Lüge zu argwöhnen, dazu fehlte ihnen die Klugheit der heutigen Zeit. [...] Zahlreiche Geschlechter, die ihr Leben in der geschilderten Weise hinbrachten, werden im Vergleich [...] zu den jetzt lebenden Menschen zwar weniger bewandert und kenntnisreich gewesen sein sowohl in den übrigen Künsten wie* besonders *in allen den Kriegskünsten, wie sie heutzutage einerseits zu Lande und zu Wasser, anderseits an Ort und Stelle in der Stadt selbst geübt werden, Rechtshändel nämlich und Auflehnungen – was der gewöhnliche Ausdruck dafür ist –, bei denen mit Wort und Tat alle möglichen Kniffe und Pfiffe zur Schädigung und widerrechtlichen Beeinträchtigung der Nebenmenschen in Anwendung kommen; dafür aber werden sie einfältiger gewe-*

Wettlauf in Waffen. Attische Amphora, 540–530 v. Chr.

sen sein und tapferer und zugleich auch besonnener und in allen Stücken gerechter. (*Nomoi* 679 b–e)

Platon übt Kritik an einer moralischen Deformation, die sich besonders in jenem Bemühen ausdrückt, mit allzu großer Klugheit dem eigenen Vorteil zu dienen und hierfür auch bedenkenlos rhetorische Kniffe einzusetzen. In dieser Wahrnehmung trifft er sich mit vielen Zeitgenossen. Auch Sophokles warnt in seinen Dramen «Ödipus» und der «Antigone» vor der allzu großen Klugheit des Menschen, und besonders deutliche Parallelen lassen sich zu einer Passage des Thukydides ausmachen, in der die Paralyse jeder Verlässlichkeit zwischen den Menschen beschrieben wird: «So tobten also Parteikämpfe in allen Städten, und die etwa erst später dahin kamen, die spornte die Kunde vom bereits Geschehenen erst recht zum Wettlauf im Erfinden immer der neusten Art ausgeklügelter Anschläge und unerhörter Rachen. Und den bislang gültigen Gebrauch der Namen für die Dinge vertauschten sie nach ihrer Willkür: unbedachtes Losstürmen galt nun als Tapferkeit und gute Kameradschaft, aber vorbedenkendes Zögern als aufgeschmückte Feigheit, Sittlichkeit als Deckmantel einer ängstlichen Natur, Klugsein bei jedem Ding als Schlaffheit zu jeder Tat; tolle Hitze rechnete man zu Mannes Art, aber behutsames Weiterberaten nahm man als ein schönes Wort zur Verbrämung der Abkehr. Wer schalt und eiferte, galt immer für glaubwürdig, wer ihm widersprach, für verdächtig. Tücke gegen andere, wenn erfolgreich, war ein Zeichen der Klugheit, sie zu durchschauen war erst recht groß, wer sich aber selber vorsah, um nichts damit zu tun zu haben, von dem hieß es, er zersetze den Bund und zittere vor den Gegnern. [...] Denn im allgemeinen heißt der Mensch lieber ein Bösewicht, aber gescheit, als ein Dummkopf, wenn auch anständig; des einen schämt er, mit dem andern brüstet er sich.» [13]

Platon wurde also in eine Zeit hineingeboren, in der ein entfesselter Krieg – den Thukydides einen «gewalttätigen Lehrer» nennt – den moralischen Verfall beschleunigte, dessen Ursachen jedoch tiefer lagen. Die Krisen und Verwerfungen seiner Zeit waren auch in einer oftmals skrupellos eingesetzten Rhetorik und im Triumph des einzelnen Interesses über das gemeine Wohl begründet. Hinzu kam, dass zu Platons Lebzeiten ein medialer Umbruch von der überwiegend mündlich bestimmten Kultur Griechenlands zur Schriftlichkeit stattfand und die mythische Überlieferung zunehmend rationalisiert und allmählich durch ausgeprägt methodische Verfahren der Wissensbeschaffung abgelöst wurde. Es gab also Anlässe und Anstöße genug für einen begabten Denker, nach neuen Lösungen zu suchen und dort Wege zu weisen, wo sich Sackgassen und Gefahren für den Menschen aufgetan hatten. Eben diesem Zweck diente Platons Philosophie: für die – vielen Anfechtungen ausgesetzte – Seele des Menschen Sorge zu tragen.

Das Leben Platons

In seinen Dialogen erfahren wir fast nichts über Platon; lediglich an drei Stellen nennt er sich selbst[14], ohne dass sich aus ihnen Wichtiges über sein Leben entnehmen ließe. Weitaus ergiebiger sind die unter seinem Namen erhaltenen Briefe, besonders der berühmte siebte, der über die Versuche Platons berichtet, seine philosophischen Konzepte in Sizilien in die Realität umzusetzen. Auch wenn die Echtheit dieses Briefes nicht unangefochten ist, hat er als biographisches Dokument einen hohen Wert, da er in jedem Fall aus dem Schülerkreis Platons heraus entstanden sein muss und deshalb wohl authentische Nachrichten bietet.

Einen gewissen Quellenwert besitzen auch die bald nach Platons Tod von seinen Schülern verfassten Gedenk- und Lobesschriften. Derartige Werke stammen von Speusippos, Klearchos von Soloi und Aristoteles. Auch die Tradition, die Platon ablehnend und gar feindselig gegenübersteht, wird in dieser Zeit mit Aristoxenos von Tarent begründet. Die meisten vollständig erhaltenen Biographien Platons stammen jedoch aus dem späteren Mittel- und Neuplatonismus, ihre wichtigsten Autoren sind Apuleius, Diogenes Laertios und Olympiodorus. Wie bei anderen großen Gestalten der Antike waren auch über Platon unzählige legendenhafte Erzählungen im Umlauf. Ihr historischer Wert ist zumeist sehr zweifelhaft, oftmals enthüllen sie jedoch einen in der Rezeption als typisch empfundenen Charakterzug. So soll Platon in seiner Jugend wegen seines sittsamen Naturells niemals richtig gelacht haben.[15] Auch der Bericht, Platon habe nach der Bekanntschaft mit Sokrates seine Tragödien verbrannt, gehört in den Bereich der anekdotischen Ausmalung. Trotzdem wird erkennbar, dass Sokrates eine Wende in seinem Leben ausgelöst hat und die prägendste Gestalt seiner Entwicklung gewesen ist.

Platon wurde 428 oder 427 v. Chr. in Athen geboren. Sein Vater hieß Ariston; seine Mutter Periktione war Angehörige einer altadeligen, vornehmen Familie, zu der Solon, der Gesetzgeber Athens, in einer nicht mehr bestimmbaren Verbindung stand. Nach dem Tod seines Vaters heiratete seine Mutter ihren Onkel Pyrilampes, der zu dem Kreis um Perikles zählte. Von mütterlicher Seite hatte Platon zwei berühmte Verwandte: Kritias, der Vetter seiner Mutter, erlangte als Anführer der dreißig Tyrannen, aber auch als Autor verschiedener Schriften Bekanntheit. Ihr Bruder Charmides verwickelte sich ebenfalls in die Schreckensherrschaft der «Dreißig» und erwarb dadurch einen zweifelhaften Ruf. Beide lässt Platon ebenso wie seine Brüder Adeimantos und Glaukon in seinen Dialogen auftreten. Nach Charmides ist sogar ein Dialog benannt. Zum politischen Wirken seiner Verwandten äußert sich

Kopf des Solon,
römische Kopie
nach einem Original
um 330 v. Chr.

Platon nicht direkt. Er hatte auch eine Schwester, Potone, deren Sohn Speusippos der zweite Leiter der Akademie wurde. Platon selbst war niemals verheiratet.

Seine adelige Herkunft prädestinierte Platon für eine politische Laufbahn. Er selbst hat diese Möglichkeit, wie aus seinem *Siebten Brief* hervorgeht, ernsthaft erwogen: *Als ich ein Jüngling war, ging es mir ebenso wie vielen anderen. Ich nahm mir vor, nach erlangter Selbständigkeit mich alsbald der staatlichen Laufbahn zuzuwenden. Da traten gewisse Verwickelungen im Staate ein, die meine Wege durchkreuzten. Damit stand es folgendermaßen: Infolge der großen Unzufriedenheit mit unserer Staatsverfassung, die sich damals geltend machte, kam es zu einer Umwälzung, an deren Spitze einundfünfzig Männer standen, von denen elf in der Stadt, zehn im Peiraieus die Marktpolizei und die sonstigen städtischen Angelegenheiten in beiden Orten verwalteten, während die anderen dreißig sich zu selbständigen Herren des Staates machten. Unter diesen hatte ich einige Verwandte und Bekannte, und es dauerte gar nicht lange, so forderten sie mich zur Teilnahme auf, als verstünde sich das für mich von selbst. Da erlebte ich denn eine arge Enttäuschung, kein Wunder bei meiner Jugend. Ich glaubte nämlich, sie würden der herrschenden Ungerechtigkeit ein Ende machen und eine Staatsverfassung auf rechtlicher Grundlage einführen, und so verfolgte ich denn den Lauf der Dinge, wie er sich unter ihrer Leitung gestaltete, mit gespannter Aufmerksamkeit. Und was mußte ich sehen? In kürzester Zeit brachten diese Männer den Staat dahin, dass die frühere Verfassung sich wie Gold dagegen ausnahm. So wollten sie unter anderem meinen vielgeliebten älteren Freund Sokrates, den ich keinen Anstand nehme als den gerechtesten unter seinen Zeitgenossen zu bezeichnen, nebst anderen Bürgern nach einem Bürger ausschicken, den er als Todeskandidaten mit Gewalt zur Stelle schaffen sollte, um ihn so zum Mitschuldigen ihrer Verbrechen zu machen, mochte er nun wollen oder nicht. Er aber ließ sich nicht dazu herbei und setzte sich lieber der größten Gefahr aus, als daß er sich zur Beteiligung an ihrem Sündenwerk hergab. Alles das und noch manches andere dieser Art – nicht etwa nur Kleinigkeiten –, das ich mit ansehen mußte, erfüllte mich mit solchem Widerwillen, daß ich mich von dieser unseligen Mißwirtschaft lossagte.* (*Siebter Brief* 324 b – 325 a) Und er lässt Sokrates in der *Apologie* ausführen: *Denn glaubt mir, meine Mitbürger: Hätte ich schon frühzeitig mich mit politischen Angelegenheiten befaßt, dann wäre es längst mit mir vorbei, und ich hätte weder euch noch mir irgendwelche nützlichen Dienste erweisen können. Seid mir nicht gram, wenn ich euch die Wahrheit sage: kein Mensch ist seines Lebens sicher, der euch oder einer anderen Volksmenge offen und ehrlich entgegentritt und allerlei Unrecht und Gesetzwidrigkeit im Staate zu verhindern sucht, sondern wer wirklich ein Vorkämpfer des Rechtes sein will, der muß, um auch nur kurze Zeit sein Leben zu fristen, schlechterdings sich auf den Einzelverkehr beschränken und auf die Beteiligung an den öffentlichen Angelegenheiten verzichten.* (Apol. 31 d – 32 a) Nach dem Sturz der Dreißig im

Kopf des Sokrates.
Römische Kopie nach einem
Werk Lysipps, um 335 v. Chr.

Jahr 403 v. Chr. überlegte Platon erneut, sich der Staatsverwaltung zu widmen. Auch dieses Mal schreckten ihn Verstöße gegen sein Empfinden von Recht und Moral ab. Als endgültige Bestätigung seiner Vorbehalte gegen die politische Betätigung musste Platon der gegen Sokrates angestrengte Prozess erscheinen, der sich auf fragwürdige Anklagepunkte stützte und mit einem – für heutige Betrachter schwer nachvollziehbaren – Todesurteil gegen Sokrates endete. Allmählich scheint sich bei Platon ein grundsätzlicher Vorwurf gegen die Politik verfestigt zu haben: *Schließlich aber kam ich zu der Überzeugung, daß alle jetzigen Staaten samt und sonders politisch verwahrlost sind, denn das ganze Gebiet der Gesetzgebung liegt in einem Zustand darnieder, der ohne eine ans Wunderbare grenzende Veranstaltung im Bunde mit einem glücklichen Zufall geradezu heillos ist. Und so sah ich mich denn zurückgedrängt auf die Pflege der echten Philosophie, der ich nachrühmen konnte, daß sie die Quelle der Erkenntnis ist für alles, was im öffentlichen Leben sowie für den Einzelnen als wahrhaft ge-*

recht zu gelten hat. Es wird also die Menschheit, so erklärte ich, nicht eher von ihren Leiden erlöst werden, bis entweder die berufsmäßigen Vertreter der echten und wahren Philosophie zur Herrschaft im Staate gelangen oder bis die Inhaber der Regierungsgewalt in den Staaten infolge einer göttlichen Fügung sich zur ernstlichen Beschäftigung mit der echten Philosophie entschließen. (*Siebter Brief* 326ab) Platons Antwort auf die Missstände seiner Zeit lag also nicht im aktiven Engagement, sondern in der Entwicklung einer Philosophie, die aus den krisenhaften Symptomen seiner Zeit Folgerungen zog. Diesen Weg schlägt im Grunde schon Sokrates ein, wenn er bemerkt, er wende sich immer an Einzelne, niemals aber an politische Institutionen.[16] Allerdings hat Platon nicht auf jeden Versuch verzichtet, seine philosophischen Einsichten unmittelbar praktisch werden zu lassen. In seinem *Siebten Brief* schreibt er, dass er vor sich selbst nicht als ein bloßer Theoretiker erscheinen wollte, der sein ganzes Leben lang vor der Tat zurückgeschreckt sei.[17] Den Versuch, vom Geist zur Tat zu kommen, unternahm Platon in Sizilien. Im Frühjahr 390 oder 389 v. Chr. brach er zu seiner ersten Reise dorthin auf und kehrte im Sommer 388 nach Athen zurück. Antiken Nachrichten zufolge gelangte Platon auf dieser Reise nicht nur nach Unteritalien und Sizilien, sondern auch nach Indien oder zu den Magiern. Dies dürfte

jedoch ins Reich der Spekulationen gehören. Daneben sind Aufenthalte Platons in Ägypten oder Kyrene von antiken Autoren bezeugt, wenngleich diese Tradition erst spät einsetzt und deshalb nicht über jeden Verdacht erhaben ist.[18] Sicher ist jedoch, dass Platon in Unteritalien mit dem Pythagoreismus in Kontakt trat. Vor allem der als Staatsmann und als Gelehrter hervorgetretene

Archytas von Tarent vermittelte ihm die neuen mathematischen Studien.

Auf Sizilien wurde Platon auf unglückselige Weise zum Spielball unterschiedlicher politischer Interessen. Als Platon in Syrakus eintraf, regierte dort Dionysios I (430–367), der auf dem Höhepunkt seiner Macht stand und auf außergewöhnliche Erfolge zurückblicken konnte. Er hatte die Griechen auf Sizilien vom Druck der Karthager befreit und ihre Existenz machtpolitisch gesichert. Trotz seiner Verdienste war seine Herrschaft jedoch eine Tyrannis, und als Platon später in seinem Werk über den Staat, der *Politeia*, den Typus des Tyrannen skizzierte, hat er mit hoher Wahrscheinlichkeit Züge des Dionysios einfließen lassen. Aber Platon machte auch eine erfreuliche Bekanntschaft in Syrakus: Im Schwager des Dionysios, Dion, lernt er einen jungen Menschen kennen, der ihn zu großen Hoffnungen berechtigte und eine Umsetzung der platonischen Philosophie zu seinem politischen Programm erhob.[19] Da Dionysios I. bald Vorbehalte gegen Platon empfand, schiffte er ihn nach Aigina aus. Ungünstigerweise war diese Insel gerade im Kriegszustand mit Athen und diente einer spartanischen Flotte als Stützpunkt. Platon kam in eine prekäre Lage; für kurze Zeit drohte ihm das Schicksal, als Kriegsgefangener verkauft zu werden. Doch entrichtete ein Bekannter aus Kyrene namens Annikeris das Lösegeld.

Nach Athen zurückgekehrt, gründete Platon seine Schule – ein Zeichen, wie sehr er sich trotz des Sokrates-Prozesses seiner Heimatstadt verbunden fühlte. Er errichtete sie im Nordwesten vor den Mauern Athens; in der Nähe befand sich ein Heiligtum des altattischen Heros Akademos, der dieser Schule den Namen «Akademie» gab. Platon stiftete mit dieser Gründung eine Tradition, die über neun Jahrhunderte bis zur Aufhebung der Akademie durch Justinian im Jahr 529 n. Chr. Bestand haben sollte. Über die Organisation und den Lehrplan der Akademie lässt sich nichts Gesichertes sagen. Vielleicht lassen sich aus dem Bildungsprogramm, das die *Politeia* entwirft, Rückschlüsse ziehen. Wahrscheinlich herrschen in diesem theoretischen Entwurf jedoch gewisse Tendenzen vor, die in der praktischen Realisierung keine Rolle spielten. Die Mathematik dürfte im Lehrplan der Akademie herausgehobene Bedeutung gehabt haben. Über dem Gebäude soll die Inschrift angebracht gewesen sein: «Keiner, der nicht Geometrie betrieben hat, soll eintreten.» Doch ist dies erst seit dem 4. Jahrhundert n. Chr. bezeugt – einer Zeit, als die ursprünglichen Gebäude nicht mehr existierten. Die Akademie als Ort hat Cicero in einem eindrücklichen Bericht beschrieben.[20] Mit einem Musenheiligtum besaß die Akademie einen sakralen Mittelpunkt. An der Akademie lehrten auch Schüler Platons, der berühmteste und erfolgreichste war Aristoteles, der vor allem für das Fach Rhetorik zuständig war und eine auch heute noch für die Kommunikationswissenschaften anregende Rhetorik hinterließ. Der Komödienschreiber Epikrates verfasste eine Satire auf die Akademie, und wenn diese Institution einer Satire würdig war, muss sie die Aufmerksamkeit der Zeitgenossen auf sich gezogen haben.

Im Jahr 367 v. Chr. brach Platon erneut nach Sizilien auf. Dionysios I. war mittlerweile von seinem Sohn gleichen Namens als Herrscher abgelöst worden. Dion, noch immer erfüllt von der bei Platons erstem Sizilienaufenthalt gewonnenen Begeisterung für die Philosophie, drängte ihn, nach Sizilien zu kommen und dort die Politik nach seinen philosophischen Einsichten zu gestalten. Platon landete 366 in Syrakus. Der freundliche Empfang verblasste bald, denn Teile des Hofes hintertrieben die Bestrebungen des Dion. Sie verstanden es, Dion bei Dionysios II. so schwer zu verdächtigen, dass er schließlich verbannt wurde. Platon befand sich erneut in einer heiklen Lage, er musste sich halb als Gast, halb als Gefangener fühlen. Immerhin erlangte er im Jahr 365 v. Chr. von Dionysios II. die Erlaubnis, die Heimreise antreten zu dürfen – allerdings unter der Bedingung, nach Beendigung eines Krieges, den Dionysios II. zu führen hatte, zurückzukehren. Die Heimkehr des Dion wurde für dieselbe Zeit in Aussicht gestellt. Platon sah sich unter Druck gesetzt: Dionysios II. drängte immer wieder zur Rückkehr; das Schicksal des Dion war zu bedenken, das durch seine Vermittlung günstig beeinflusst werden konnte und das Dionysios II. offenbar als handfestes Druckmittel gegen Platon einsetzte. Ferner rieten Freunde Platons in Athen und Unteritalien zu einer dritten Reise nach Sizilien. Schließlich sandte Dionysios II. im Frühjahr 361 ein Schiff nach Athen, um Platon abzuholen.

Bronzenes
Büstchen Platons.
Römische Kopie
nach einem
spätklassischen
Original

Platon entschloss sich, die Reise anzutreten; er konnte jedoch nicht ahnen, dass sich dieses Mal die Konflikte um ihn und Dionysios unheilvoll zuspitzen sollten. Dionysios II. war nicht lange ernsthaft an der platonischen Philosophie interessiert und quartierte Platon außerhalb der Burg unter den Söldnern ein. Der einflussreiche Phythagoreer Archytas musste am Hof intervenieren, damit Platon im Frühsommer 360 v. Chr. heimreisen konnte. Dion selbst sah alle Hoffnungen auf eine friedliche Lösung des Konflikts zwischen ihm und seinem Vetter Dionysios zunichte gemacht und beschloss, mit Gewalt nach Syrakus zurückzukehren, um doch noch einen Staat platonischer Prägung zu errichten. Platon lehnte dieses Vorgehen ab. Im Jahr 357 besetzte jedoch Dion Syrakus und vertrieb Dionysios II. Vier Jahre lang konnte er sich gegen wachsende Schwierigkeiten an der Herrschaft behaupten.

Schließlich fiel er im Jahr 354 einer Verschwörung zum Opfer. Platon traf dieses Ende seines Freundes schwer; dafür sprechen die ergreifenden Distichen, die er für Dions Grab geschrieben hat. Mit der Rückkehr von seiner letzten Sizilienreise hat Platon von der Hoffnung Abschied nehmen müssen, sein Staatsdenken selbst in eine konkrete Verfassung umzusetzen. Er hat dies unzweifelhaft als herbe Enttäuschung empfunden. In Platons *Politeia* kommt Sokrates auf eben diese bei der Sizilienreise deutlich gewordene Schwierigkeit zu sprechen, die dem Philosophen die praktische Gestaltung der Politik verwehrt und ihn auf die Ordnung seiner eigenen Angelegenheiten festlegt. Und er lässt Sokrates auf den Einwand eines Gesprächsteilnehmers, dies sei ja nichts Geringes, sagen: *Aber auch nicht das Größte, wenn ihm nicht ein Gemeinwesen beschieden war, das seinen Forderungen entsprach. Denn in einem solchen wird er selbst noch an Kraft mehr und mehr zunehmen und so nicht nur sein Heil fördern, sondern auch das des Staates.* (*Pol.* 497 a)

Die letzten Lebensjahre Platons sind in undurchdringliches Dunkel gehüllt. An den umfangreichen *Nomoi* muss Platon jedenfalls lange und intensiv gearbeitet haben. Bei seinem nicht genau fixierbaren Tod im Jahr 348 oder 347 v. Chr. lag dieses letzte Werk als unfertiges Manuskript vor. Philippos von Opus, der für Platon als Sekretär arbeitete, gab es postum heraus. Der Reiseschriftsteller Pausanias berichtet, dass Platon in der Nähe seiner Akademie begraben wurde.[21]

Das Werk

Der Dialog als Form
der platonischen Philosophie

Das Bemühen Platons, auf die im ersten Kapitel beschriebenen Symptome einer politischen und kulturellen Krise eine Antwort zu finden, ist seinem Werk durchgängig anzumerken und bestimmt auch die Form, die Platon als Medium seiner Philosophie nutzte, den Dialog. Diese literarische Gattung wird geradezu durch den Anspruch Platons konstituiert, den Menschen charakterlich und moralisch zu formen. Der Dialog *Gorgias* etwa bietet in der Unterschiedlichkeit, mit der die Dialogteilnehmer auf Sokrates reagieren, ein Musterbeispiel hierfür. Nacheinander werden drei Dialogpartner von Sokrates widerlegt: Zunächst werden die Auffassungen des Gorgias und des Polos von der Rhetorik als unhaltbar zurückgewiesen, im letzten Gesprächsgang wird das von Kallikles vehement vertretene Recht des Stärkeren einer Überprüfung unterzogen. Auch Kallikles ist der argumentativen Kraft des Sokrates nicht gewachsen, doch jeweils an den Stellen, an denen er – wie er selbst dank seiner hohen Intelligenz deutlich spürt – nachgeben müsste, zieht er sich ins Schweigen zurück und weigert sich, das Gespräch zu Ende zu führen. Platon zeigt hier exemplarisch, wie intellektuelle Fähigkeiten – auf die die Sophisten so stolz waren und deren Förderung ihre primäre Sorge galt – nicht hinreichen, um Philosophie in seinem Sinne zu betreiben. Charakterliche Qualitäten müssen hinzukommen. Wer ein philosophisches Leben führen möchte, muss bereit sein, dies mit seiner gesamten Persönlichkeit zu tun und sich einer umfassenden Überprüfung zu öffnen. Durch die Dramaturgie des Dialogs hat Platon diese Schlussfolgerung geschickt betont: Das Gespräch führt einerseits zu immer grundlegenderen Fragen von großer politischer Relevanz, andererseits wird die Position der gegen Sokrates argumentierenden Personen immer weniger annehmbar.[22] Schon in diesem Dialog zeigt sich, dass Politik und Ethik keine getrennten Disziplinen sind, sondern die Ethik den großen Rahmen vorgibt, innerhalb dessen sich politische Gestaltung bewegen kann.[23]

Ein derart fundamentaler Anspruch der Philosophie bedurfte einer spezifischen Form der Mitteilung; von ihm konnte nicht nur als Postulat gesprochen werden, er musste demonstriert und mit möglichst großer Unmittelbarkeit erfahrbar gemacht werden. Systematische Abhandlungen wie der philosophische Traktat oder Sammlungen von Sentenzen schieden deshalb als Gattungen aus.

Platon hat sich nie von der Dialogform gelöst. Seine Werke sind stets Gespräche, in die aber – vor allem in der letzten Schaffensphase – längere monologische Darlegungen eingefügt sind. Die darstellerische Virtuosität und die gedankliche Dichte, die seine Dialoge auszeichnen, belegen, wie schöpferisch er die Möglichkeiten dieser Form genutzt hat. Ob diese Meisterschaft jedoch den Schluss erlaubt, dass Platon die Dialogform selbst erst geschaffen habe, steht zur Diskussion. Andere Sokratiker haben ebenfalls Dialoge verfasst. Vielleicht hat Platon auf in der philosophischen Literatur schon entwickelte dialogische Formen zurückgegriffen. Auch literarische Einflüsse der dramatischen Gattungen der Tragödie und häufig noch deutlicher der Komödie sind in seinen Werken spürbar. Sollte er frühe Erfahrungen als Tragödienautor gesammelt haben, erleichterten sie ihm sicher die Dramaturgie und die sprachliche Beherrschung des Dialogs.

Durchgängig legt Platon darauf Wert, seine Dialoge historisch zu verankern. Ort und Datum des Gesprächs werden jeweils mitgeteilt. Die in seinen Dialogen auftretenden Figuren werden realistisch charakterisiert, und zumeist sind es ohnehin historisch nachweisbare Persönlichkeiten. In allen Dialogen übernimmt eine bestimmte Figur die Gesprächsführung. Dies ist im Frühwerk Sokrates, später üben andere Figuren diese Funktion aus. Platon selbst tritt nie als Gesprächsteilnehmer auf, er verzichtet somit konsequent darauf, mit seinem Namen bestimmten Ansichten eine besondere Autorität zu verleihen. Dreiergespräche kommen nicht über längere Passagen vor. Der Gesprächsführer spricht vielmehr nacheinander mit jedem Teilnehmer, wobei er alle widerlegen, selbst jedoch nie widerlegt werden kann. Die Bedingungen des Gesprächsablaufs werden von ihm vorgegeben, und alle Anstöße, die das Gespräch weiterführen, gehen auf ihn zurück. Und schließlich finden die Gespräche meistens keinen befriedigenden Abschluss, sondern die Erörterung bricht ergebnislos ab: Die Unmöglichkeit, eine befriedigende Lösung zu finden, lässt das Gespräch in einer Aporie enden. Neben diesen durchgängigen Kennzeichen der platonischen Dialoggestaltung treten formale Besonderheiten bei einzelnen Dialogen auf. Platon hat seine Werke nicht nach einem einheitlichen Schema gestaltet, er variiert je nach Situation, Thema und Dialogteilnehmern die Form.

Der Philosoph Sokrates (Athen um 470–399 v. Chr.) leistete Kriegsdienste in mehreren Feldzügen der Athener und war unbestechlicher Verwalter eines Amtes. Er wurde angeklagt, neue Götter eingeführt und die Jugend verführt zu haben. Darauf stand der Tod durch den Schierlingsbecher.
Von Sokrates sind keine philosophischen Schriften überliefert; über Lehre und Leben geben Platon, Aristophanes, Aristoteles u. a. widersprüchlich Auskunft.

Schreibt ein Autor dialogische Werke, kann er aus dieser Gattungswahl mehrere Vorteile ziehen. Er entlastet sich als Autor, insofern er nicht jede im Dialog vorgetragene Äußerung als seine eigene ausgeben muss. Er muss sie auch nicht bewerten, sondern kann Sätze ohne weitere Begründung stehen lassen. Ferner hat der Dialog eine Lebendigkeit, die sich nicht zuletzt den in ihm wirkenden literarischen Mustern verdankt. Damit spricht er den Leser unmittelbar an, erregt seine Aufmerksamkeit und erleichtert es ihm, sich mit einem Thema von großer Abstraktheit zu beschäftigen. In diesem Sinn wollten die Dialoge ja für die Schule Platons werben. Und da der Dialog – anders als ein Traktat – in höherem Maß einen nicht abgeschlossenen Prozess des Denkens vorführt, regt er auch zum eigenen Weiterdenken an. Schließlich will ein Dialog nicht einfach die Richtigkeit dieser oder jener Ansicht einfordern, sondern jeden Leser veranlassen, sich aus dem Wechselspiel von Rede und Widerrede eine eigene Überzeugung zu bilden.[24]

Durch die dialogische Suche nach Wahrheit unterscheidet sich der Ansatz Platons scharf von der sophistischen Form der Vermittlung von Bildungsinhalten. Die Vorliebe der Sophisten für lange Prunkreden wird von Platon häufig kritisch herausgestellt: *Wenn er aber daran noch weitere Fragen knüpfen wollte, so wissen sie, den Büchern gleich, weder zu antworten noch selbst zu fragen, sondern wenn einer auch nur die kleinste nachträgliche Frage über das Vorgetragene an sie richtet, dann gleichen diese Redner den Erzplatten, die, wenn man sie anschlägt, lange noch nachklingen und forttönen, so lange man sie nicht mit kräftigem Griffe anfaßt.* (*Prot.* 329 a) Nur ungern und widerstrebend sind die Sophisten bereit, sich mit Sokrates auf ein Wechselgespräch aus kurzen Fragen und Antworten einzulassen. Ihre eigene kommunikative Strategie verbreitet zwar rhetorischen Glanz, bringt Prestige und bewährt sich vor allem in den Redekämpfen, versagt jedoch vor der sokratischen Methode der Wahrheitsfindung. Der von Sokrates in die Enge getriebene Sophist Protagoras gesteht in aller Offenheit: *Mein Sokrates [...] ich habe mich schon vielen Menschen zum Redekampf gestellt; hätte ich es aber so gemacht, wie du es von mir forderst, hätte ich die Unterredung also so geführt, wie sie der Gegner von mir geführt zu sehen wünschte, dann wäre ich so unbedeutend geblieben wie jeder beliebige andere und des Protagoras Name hätte keinen hervorragenden Klang unter den Hellenen.* (*Prot.* 335 a) Und Sokrates hält dagegen: *Denn meines Erachtens ist es ein anderes, sich miteinander wissenschaftlich zu unterhalten und ein anderes, lange Reden zu halten.* (*Prot.* 336 b)

Gelegentlich hören wir Sokrates oder einen seiner Dialogpartner Bemerkungen zur dialogischen Kommunikation aussprechen, die auch zur Illustration der Gattung insgesamt Gültigkeit haben. So umreißt Sokrates seine Haltung zur Belehrung: *Ich gehöre zu denen, die sich gerne widerlegen lassen, wenn ich etwas Unrichtiges behaupte, die aber anderseits auch gern widerlegen, wenn ein anderer etwas Unrichtiges behauptet, auf keinen Fall aber zu denen, die sich weniger gern widerlegen lassen als selbst widerlegen. Denn ich halte das erstere in eben demselben Maße für ein größeres Gut, als es ein größeres Gut ist, selbst vom größten Übel befreit zu werden, als einen anderen davon zu befreien.* (*Gorg.* 458 a) Der Dialog steht von seiner Form her auch in einem deutlichen Kontrast zur Rhetorik, und Platon hat diesen Gegensatz immer wieder stark betont. So rückt Sokrates seinem Gegenüber ins Bewusstsein: *Denn ich weiß für meine Behauptungen nur einen als Zeugen zu stellen, nämlich eben den, mit dem ich die Unterredung führe, mit der großen Menge dagegen befasse ich mich gar nicht.* (*Gorg.* 474 a)

Die Dialogform hat unterschiedliche Deutungen erfahren. Dabei lassen sich folgende Grundtendenzen unterscheiden. Auf Schleiermacher geht die dialektische Deutung zurück: Die platonischen Werke ahmen demnach Lehrgespräche nach und sind eben dadurch in der Lage, philosophische Gedanken zu vermitteln. Eine andere Richtung begreift den Dialog als adäquate Form für das offene Philosophieren. Nach dieser Auffassung, die pointiert von Kierkegaard und später vor allem von dem Altphilologen Hermann Gundert vorgetragen wurde, wollte Platon eben keine Lehre vermitteln, sondern wählte den Dialog als Mittel, um das Philosophieren im Vollzug darzustellen. Nach einer abgeschwächten Variante dieser Deutung zeigen die Dialoge «Wege kritisch prüfender Auseinandersetzung […], die zur philosophischen Erkenntnis hinführen, im Gegensatz zu einer autoritativen Verkündigung nach Art der Vorsokratiker»[25]. Die früher oft vorgetragene These, der mündlich lehrende Sokrates sei Vorbild für die platonische Dialoggestaltung gewesen, ist allenfalls für die frühen Werke plausibel. In jedem Fall betont der platonische Dialog eine enge Verbindung von Person und philosophischer Erkenntnis und zeigt, dass jede Erörterung nur unter ständiger Wiederholung und Verbesserung des vorgetragenen Gedankengangs voranschreiten kann. Angestrebt wird immer die Übereinstimmung zwischen zwei Dialogpartnern, und diese kann nur durch die mitdenkende Kontrolle beider hergestellt werden.

DIE DIALOGE

Von Platon sind insgesamt 43 Schriften erhalten. Das Gliederungssystem der antiken Gesamtausgaben ist bei Diogenes Laertios ausführlich erläutert.[26] Da die erste systematische Edition aller Schriften Platons erst einige Zeit nach seinem Tod erstellt wurde, fanden auch nicht von ihm stammende Werke Eingang in diese Sammlung. Aufgrund eindeutiger Merkmale lassen sich heute viele Werke sicher als falsche Zuschreibungen ausscheiden. Bei anderen Schriften ist eine Entscheidung schwieriger und mitunter überhaupt nicht zu fällen. Nach dem heutigen Kenntnisstand scheint keine einzige platonische Schrift verloren gegangen zu sein. Dafür spricht vor allem, dass sich alle Zitate oder Anspielungen anderer Autoren auf die platonischen Schriften eindeutig zuordnen lassen.

Über die Chronologie der Werke lässt sich nicht viel Sicheres aussagen. Eindeutig bezeugt ist jedenfalls, dass die *Nomoi* das letzte Werk sind. Schleiermacher ging bei seiner Chronologie von der Prämisse aus, dass alle Dialoge innerlich zusammenhängen und in ihnen von Anfang an feststehende Leitgedanken methodisch entfaltet werden. Er selbst und von ihm beeinflusste Forscher haben die Werke Platons oftmals zu schematisch angeordnet und gingen insbesondere in ihrer Suche nach Entsprechungen zwischen Lebensgeschichte und Werkentstehung zu weit. Manches spricht dafür, dass sich eine durchgängige Entwicklung nicht nachweisen lässt. So ist es wahrscheinlich, dass Platon schon zur Zeit der frühen, aporetischen Dialoge eine Ideenlehre ausgebildet hatte, die er jedoch weder dort noch in seinem Spätwerk ausführte. Die Tatsache, dass ausgerechnet immer an den Stellen die Unterredung abgebrochen wird, an denen der Verweis auf die Ideen die stockende Erörterung fortführen könnte, wäre sonst kaum erklärlich.

Zur Bestimmung einer relativen Chronologie hat man Methoden der Sprachstatistik herangezogen und durch den Vergleich sprachlicher und stilistischer Vorlieben die Dialoge in eine zeitliche Reihenfolge gebracht. Allerdings darf man den sprachstatistischen Ergebnissen nicht unbesehen vertrauen. Sie stützen sich nicht nur auf die aussagekräftigen bedeutungstragenden, sondern auch auf die formalen Sprachelemente. Gerade Platon aber hat es meisterhaft verstanden, seinen Stil zu variieren. Das *Symposion*, in dem verschiedene, in ihrer Eigenart hervortretende Teilnehmer über das Phänomen Eros sprechen, legt davon Zeugnis ab. Und diese Virtuosität ist vielleicht auch beim ersten Buch der *Politeia* zu bedenken, das häufig als ursprünglich eigenständiger, unter dem Namen *Thrasymachos* veröffentlichter Dialog galt. Möglicherweise imitiert Platon hier absichtlich seinen Frühstil. Fällt eine relative Chronologie schon schwer, so ist eine absolute nahezu unmöglich. Anspielungen auf äußere Ereignisse wie den Tod des Sokrates, die eine sichere Datierung erlauben, sind sehr selten.

Nimmt man alle Kriterien und Rekonstruktionsüberlegungen zusammen, ergibt sich in etwa die folgende Gliederung des platonischen Werks:

a) Zwischen dem Tod des Sokrates und der ersten sizilischen Reise sind entstanden: *Laches, Charmides, Euthyphron, Lysis, Protagoras, Kleinerer Hippias, Ion, Größerer Hippias, Apologie, Kriton* und *Gorgias*

b) Zwischen der ersten und zweiten Sizilienreise: *Menon, Kratylos, Euthydemos, Menexenos, Symposion, Phaidon, Politeia, Phaidros, Parmenides* und *Theaitet*

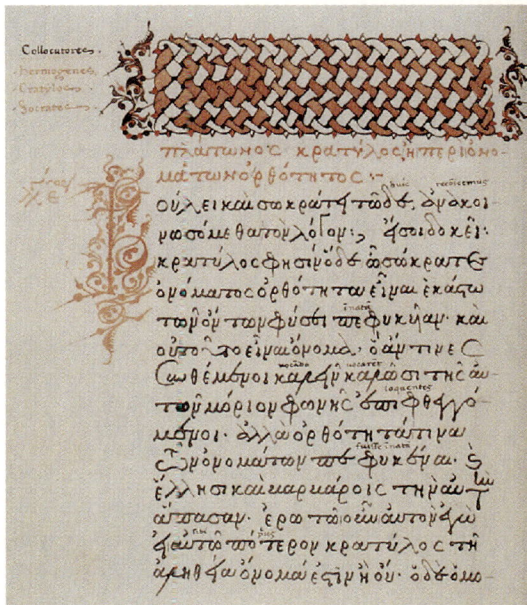

Ausschnitt aus einer 1440 entstandenen Handschrift des Dialogs «Kratylos»

c) Zwischen der zweiten und dritten Reise: *Sophistes* und *Politikos*

d) Nach der letzten Heimkehr: *Philebos, Timaios, Kritias* und *Nomoi*, und – sofern er echt ist – der *Siebte Brief*

Platons Werke weisen eine starke Stilmischung auf. Umgangssprachliche Passagen wechseln mit pathetischen, feierlichen Einschüben. Neben rhetorisch gekonnt, bisweilen sogar raffiniert formulierten Reden finden sich glanzvolle Erzählungen und treffsichere Beschreibungen. Daneben gibt es Anklänge an die Gesetzessprache. Eine besondere Auffälligkeit der platonischen Werke muss eigens erwähnt werden: die Mythen, die von ihrer Thematik, aber auch ihrer Sprachgebung oft an religiöse Texte erinnern. Die Mythen sind in die Dialoge von Platon mit großem Geschick eingepasst und für seine darstellerischen Absichten jeweils erfunden.

KRITIK AN DER DICHTUNG

Die Existenz mythischer Passagen im platonischen Werk wird verwundern, wenn man die nachdrückliche Entschiedenheit bedenkt, mit der Platon die Dichtung seiner Kritik unterwirft. Sind denn nicht auch seine Mythen fiktive Literatur, und trifft die eigene Kritik nicht auch diesen Teil seines Werks? Dies ist nicht der Fall, wenn man den Unterschied zwischen der alten, von Platon angefeindeten Dichtung und seinen eigenen mythischen Erfindungen bedenkt. Die Welt der Mythen Platons weist ganz anders als die konventionelle Dichtung auf eine Wahrheit, die hinter ihnen hervorscheint und identisch mit den Ergebnissen seines Philosophierens ist.

Platon bringt seine Kritik an der Dichtung im Rahmen seiner Staatskonzeption vor und greift dabei letztlich auf den alten, seit Hesiod häufig belegten Topos «Die Dichter lügen» zurück. Indem Platon detaillierte Bestimmungen gibt, was Gegenstand und Absicht von Dichtung sein dürfe und was nicht[27], wird er zum ersten Theoretiker der literarischen Zensur. Sein Missfallen erregt zum einen das falsche Bild der Götter, das die Dichtung verbreite: Die anthropomorph gezeichneten Götter Homers dürften auf keinen Fall geduldet werden.[28] Überhaupt scheint ihm das Verhältnis zwischen Dichtung und Wirklichkeit als problematisch. Platon postulierte die Existenz der Ideen, die getrennt von den Gegenständen bestehen, für sie das Vorbild sind. Ein empirisch erfahrbarer Gegenstand ist deshalb die Nachahmung seiner Idee; ein durch Kunst hervorgebrachter Gegenstand lediglich die Nachahmung einer Nachahmung der Idee. Aristoteles dagegen vertritt hier eine ganz andere Auffassung; er kennt keine Idee des Tisches jenseits der einzelnen Tische. In aristotelischer Sicht verwirklicht sich vielmehr im Stoff jeweils eine bestimmte Form. Das Kunstwerk zeigt deshalb keine Abbildung, sondern Wirklichkeit. Platon jedoch müssen wegen seiner abgestuften Realitätsebenen die Kunstwerke als Produkte besonderer Schein-haftigkeit gelten. Der Begriff, mit dem er dieses Verdikt begründet, heißt Mimesis (Nachahmung). Schon der Handwerker, der einen Tisch herstellt, ist nur nachah-mend tätig; der Maler unterbietet jedoch noch diese Ebene, indem er den vom Handwerker nachge-

> Es ist nicht Aufgabe des Dichters mitzuteilen, was geschehen ist, sondern vielmehr, was geschehen könnte. [...] Daher ist Dichtung etwas Philosophischeres und Ernst-hafteres als Geschichtsschreibung; denn die Dichtung teilt mehr das Allgemeine, die Geschichtsschrei-bung hingegen das Besondere mit.
>
> Aristoteles: Poetik, Kap. 9

ahmten Tisch ein weiteres Mal nachahmt: *So wird uns der Maler z. B. einen Schuster, einen Tischler und die anderen Handwerker malen, ohne von der Kunst irgend eines dieser Leute etwas zu verstehen; gleich-wohl wird er, wenn er ein guter Maler ist und einen Tischler gemalt hat, den er nun in gehöriger Entfernung vorzeigt, Kinder und Toren täuschen, so daß sie glauben, er sei ein wirklicher Tischler. (Pol.* 598bc). Kon-sequenterweise legt Platon dem nachahmenden Künstler seine Profession als Schwäche aus: Wäre er dazu imstande, würde er lie-ber wie der Tischler selbst Gegenstände hervorbringen, also um eine Realitätsebene vorrücken.[29] Diese Argumentation ist jedoch schief: Tatsächlich möchte der Maler ja gar keine Gegenstände wie ein Schuster oder Tischler herstellen, sondern ein Bild. Der Vor-wurf der Nutzlosigkeit der Kunst taucht hier auf, und so müsse man auch an Homer die Frage richten, welcher Staat denn durch seine Dichtung zu besseren Einrichtungen gekommen ist.[30] *Alle diese Dichter sind also nur Nachahmer von Nachbildungen der Tugend und der übrigen Dinge, von denen sie in ihren Dichtungen han-deln, mit der Wahrheit aber haben sie nichts zu tun. (Pol.* 600e) Auch diese Übertragung der Kritik an der Malkunst auf die Dichtung ist anfechtbar. Platons Argumentation beruht auf der fragwürdigen Prämisse, dass jeder Dichter lieber dasjenige selbst ausführen wür-de, was er darstellt. Nur weil er dazu nicht in der Lage sei, würde er dichten. Wie beim Malen verkennt Platon das spezifische Wesen des Dichterberufs, dem es nicht um eigene Handlungen geht, son-dern um die Beschreibung von Handlungen anderer.

Der andere Kritikpunkt betrifft die Wirkung der Dichtung, nämlich ihre Fähigkeit, beim Rezipienten Affekte freizusetzen. Platon hält die Darstellung von Affekten in der Literatur für schlecht und gefährlich: Wenn etwa die Theaterbesucher affektgetriebene Figuren auf der Bühne sehen würden, würden sie selbst von Leidenschaften ergriffen. Nach Platon richtet sich die Dichtung unmittelbar an den niedrigsten Seelenteil, in dem die Affekte beheimatet sind, ohne dass die Vernunft steuernd eingreifen könnte. Dabei glaubt Platon offenbar an eine quasi mechanische Wirkung des in der Dichtung Dargestellten: Wer als Zuschauer ein Drama sieht, wird notwendigerweise von den Affekten ergriffen, denen auch die Dramenfiguren unterliegen.[31] So komme es zu einer bedenklichen Verzerrung der Maßstäbe: Das Verhalten eines klagenden Theaterhelden wird zwar auf der Bühne goutiert, wäre jedoch im normalen Leben anstößig.[32] Generell dürfe deshalb alles, was den Zuschauer gruseln macht, nicht geduldet werden, denn die Wächter des platonischen Idealstaats könnten dadurch *allzu leicht erregbar und übermäßig weichlich* gemacht werden (*Pol.* 387 c) Aristoteles hat auch hier ein weit positiveres und differenzierteres Bild, wie aus seiner «Poetik» hervorgeht. Insbesondere

Tragische Maske.
Bronze, um 350 v. Chr.

mit seiner Vorstellung einer Katharsis des Zuschauers bietet er gegenüber Platon einen Fortschritt: Die Dichtung erregt zwar Leidenschaften, aber wie in der Medizin bestimmte Gifte die Gesundheit wiederherstellen, so würden die Affekte durch den Kunstgenuss gereinigt werden.[33]

Schließlich scheint auch ein anderes Merkmal des Dichtens für Platon bedenklich: der Enthusiasmus, das Dichten aufgrund einer göttlichen Inspiration. Bereits in der *Apologie* heißt es von den Dichtern, sie könnten über ihre eigenen Werke schlechter Auskunft geben als andere – eben weil sie im Zustand der Ekstase dichteten und ihre Werke nicht Ergebnis eines rationalen Erkenntnisprozesses seien. Ähnlich lautet der Vorwurf im Dialog *Ion.* Der Homer-Experte und Rhapsode Ion vermag allein über Homer kompetent zu sprechen, kommt das Gespräch auf andere Dichter, kann er – wie er selbst einräumt – nicht den geringsten Beitrag liefern.[34] Ganz offenbar fehlt Ion *die kunstgerechte und wissenschaftliche Bildung,* die es ihm erlauben würde, über Dichtung allgemein Auskunft zu geben. (*Ion* 532 c) Ion wird nicht von einer nachprüfbaren Kunst getrieben, sondern von einer göttlichen

Kraft, die Sokrates mit der magnetischen Erscheinung vergleicht; die durch die Muse bewirkte Begeisterung des Dichters überträgt sich auf die Zuhörenden, die dann ihrerseits diesen Zustand bei anderen bewirken können: *Denn mit dem Dichter ist es ein eigen Ding: leichtbeschwingt und gottgeweiht wirft er die irdische Schwere von sich und ist nicht eher imstande zu dichten, als bis er von Begeisterung ergriffen und von Sinnen ist und aller ruhigen Vernunft bar. (Ion 534 b)* So mächtig hier die Wirkung der Inspiration beschrieben wird – so bedenklich erscheint sie Platon auch.[35]

DIE SCHRIFT – EIN MITTEL FÜR DIE VERGESSLICHKEIT

Neben den Vorbehalten gegen die Rhetorik und die Dichtung hat Platon ein weiteres Element der Kultur seiner Zeit einer radikalen Kritik unterzogen, die Schriftlichkeit. Im *Phaidros* erzählt Sokrates, dass Teuth die Schrift erfunden und sie dem ägyptischen König Thamus als vorzügliches Mittel angepriesen habe, Gedächtnisfähigkeit und Weisheit seiner Untertanen zu befördern. Doch Thamus lässt sich von dieser Versprechung nicht beeindrucken: *Denn diese Kunst wird Vergessenheit schaffen in den Seelen derer, die sie erlernen, aus Achtlosigkeit gegen das Gedächtnis, da die Leute im Vertrauen auf das Schriftstück von außen sich werden erinnern lassen durch fremde Zeichen, nicht von innen heraus durch Selbstbesinnen. Also nicht ein Mittel zur Kräftigung, sondern zur Stützung des Gedächtnisses hast du gefunden. Und von Weisheit gibst du deinen Lehrlingen einen Schein, nicht die Wahrheit: wenn sie vieles gehört haben ohne Belehrung, werden sie auch viel zu verstehen sich einbilden, da sie doch größtenteils nichts verstehen und schwerer zu ertragen sind im Umgang, zu Dünkelweisen geworden und nicht zu Weisen. (Phaidr. 275ab)* Sokrates übernimmt diese zunächst nur in mythischer Einkleidung vorgebrachte Schriftkritik: *Denn das ist wohl das Bedenkliche beim Schreiben und gemahnt wahrhaftig an die Malerei: auch die Werke jener Kunst stehen vor uns, als lebten sie; doch fragst du sie etwas, so verharren sie in gar würdevollem Schweigen. Ebenso auch die Worte eines Aufsatzes: du möchtest glauben, sie sprechen und haben Vernunft, aber wenn du nach etwas fragst, was sie behaupten, um es zu verstehen, so zeigen sie immer nur ein und dasselbe an. Und dann: einmal niedergeschrieben,*

Nillandschaft. Ägypten übte als geheimnisvolles und rätselhaftes Land eine besondere Anziehung auf die Griechen aus. Mosaik des 1. Jahrhunderts v. Chr. aus Praeneste

treibt sich jedes Wort allenthalben wahllos herum, in gleicher Weise bei denen, die es verstehen, wie auch genau so bei denen, die es nichts angeht, und weiß nicht zu sagen, zu wem es kommen sollte und zu wem nicht. Wenn es dann schlecht behandelt und ungerechterweise geschmäht wird, so bedarf es immer seines Vaters, der ihm helfen sollte: denn selbst kann es weder sich wehren noch sich helfen. (*Phaidr.* 275de) Das schriftlich niedergelegte Wort kann deshalb nicht das geeignete Medium sein, um die wichtigsten Gedanken eines Philosophen zu vermitteln. Es muss ein anderes Wort geben, das hierzu tauglich ist, und Sokrates klärt Phaidros auf, welches er meint: *Das, welches mit*

Aphrodite und Eros beim Adonis-Fest.
Bild auf einer attischen Lekythos, um 390 v. Chr. Sokrates vergleicht die Schrift mit den schnell sprießenden Kräutern, die Frauen zu Ehren des Adonis pflanzten: Ihr frühes Verwelken symbolisiert den Tod des Adonis – und zeigt den begrenzten Wert der Schrift.

Sachkenntnis aufgezeichnet wird in der Seele des Lernenden, fähig zur Selbstverteidigung und kundig des Redens und Schweigens, je nach Umständen. – Phaidros: Von dem lebendigen und beseelten Wort des Wissenden sprichst du, wovon das geschriebene mit Recht als ein Nachbild bezeichnet werden könnte? (Phaidr. 276 a) Gedanken schriftlich zu fassen, ist nur ein Spiel, ein schöner Zeitvertreib. Philosophischer Ernst entsteht jedoch erst, indem ein Mann, der eine geeignete Seele gefunden, nach den Kunstregeln der Dialektik in ihr mit Sachkenntnis Worte pflanzt und sät, die sich selbst und dem, der sie gepflanzt hat, zu helfen imstande sind und nicht ohne Ertrag bleiben, sondern Früchte bringen, aus denen immer wieder eine neue Saat an Worten in neuen Herzen sprießt, die das überlieferte Gut immer unsterblich zu erhalten vermag und den Besitzer glücklich macht, soweit es für einen Menschen möglich *ist, das zu sein. (Phaidr.* 276 e – 277 a) Das bedeutet, dass ein Philosoph sich nicht durch Schriften allein ausweisen kann, sondern eine andere Bedingung erfüllen muss: *Ist der Verfasser im Besitz des Wissens um die Wahrheit der Sache, versteht er nachzuhelfen, wenn er ins Verhör kommt über den Inhalt des Geschriebenen und ist fähig, selbst, indem er spricht, die geschriebenen Texte als minderwertig zu erweisen, dann soll man ihn nicht mit einem Namen bezeichnen, der von diesen [Rhetoren und Dichtern] hergenommen ist, sondern vielmehr von dem, was er als ernste Beschäftigung getrieben hat. – Phaidros: Welchen Namen teilst du ihm demnach zu? – Sokrates: Einen Weisen ihn zu nennen, mein Phaidros, das scheint mir zu hoch und allein für einen Gott angemessen. Aber Freund der Weisheit oder etwas Ähnliches: damit dürfte er selbst eher einverstanden sein, und das wäre dann auch entsprechender. – Phaidros: Jedenfalls ist es nicht unpassend. – Sokrates: Anderseits den, der nichts Kostbareres hat als seine Kompositionen und Schriftstücke, die er unter langem Hin- und Herwenden, Aneinanderfügen und Ausstreichen zustande gebracht hat, wirst du den wohl mit Recht einen Dichter oder Schriftsteller oder Gesetzschreiber nennen? (Phaidr.* 278 c – e)

Ähnlich äußert sich Platon im *Siebten Brief.* Über den Kern seiner philosophischen Bemühungen gebe es keine Schrift von ihm: *Denn es steht damit nicht so, wie mit anderen Lehrgegenständen: es läßt sich nicht in Worte fassen, sondern aus lange Zeit fortgesetztem, dem Gegenstand gewidmetem wissenschaftlichen Verkehr und aus entsprechender Lebensgemeinschaft tritt es plötzlich in der Seele hervor wie ein durch einen abspringenden Funken entzündetes Licht und nährt sich dann durch sich selbst. (Siebter Brief* 341 cd) Doch nicht jeder ist für diesen philosophischen Funken empfänglich. Wie im *Phaidros* wird deshalb die Notwendigkeit betont, genau die Beschaffenheit eines Menschen zu prüfen, bevor man ihm philosophische Unterweisung zuteil werden lässt.[36] Auch Dionysios hat er einer solchen Probe unterzogen, doch hatte sich dabei gezeigt, dass er für jede weitergehende philosophische Belehrung unzugänglich war. Ihm fehlte es an der Bereitschaft, sich auf die Philosophie mit allen Konsequenzen für seine weitere Lebensführung und sein Handeln einzulassen. Für ihn erfüllte sich die Beschäftigung mit Philosophie allein darin, bestimmte Lehrsätze auswendig zu lernen, um sie bei passender Gelegenheit von sich zu geben und mit ihnen

Eleusinische Weihe, Reinigung. Platon vergleicht oft die geheime Initiationszeremonie der eleusinischen Mysterien mit dem Eintritt in ein philosophisches Leben.

Eindruck erregen zu können. Als Dionysios die Äußerungen Platons zu einem eigenen schriftlichen Traktat kompiliert, belegt dies nicht nur einen schweren Vertrauensbruch, sondern auch, dass er das Wesen der Philosophie nicht verstanden hat.[37]

Die philosophische Interpretation beider Einwände gegen die Schriftlichkeit ist umstritten – vor allem, weil uns aufgrund unserer langen kulturgeschichtlichen Gewöhnung an das Medium Schrift und den Buchdruck Vorbehalte gegen Texte kaum nachvollziehbar erscheinen. Auch unserer demokratischen Denkweise mit ihrem Transparenzgebot laufen sie zuwider. Seit der Aufklärung gilt es als hoher Wert, Wissen allgemein verfügbar zu machen, und aus diesem Bestreben heraus sind immer leistungsstärkere Medien entwickelt worden: Vom Buchdruck führte der Weg über die audiovisuellen Medien bis zum Internet, durch das jeder Zugriff auf alles hat. Platon hat hier ganz anders empfunden, was sich zum Teil dadurch erklärt, dass er in einer Zeit des medialen Umbruchs lebte. Obwohl die Schrift schon lange existierte, prägte die Mündlichkeit noch stark seine Zeit. Kultur und Wissensvermittlung waren noch nicht in der Weise an das Medium Schrift gebunden, wie es für uns ganz selbstverständlich ist. Auch sein Lehrer Sokrates hat hier stark nachgewirkt, von dem wir hören, dass er unentwegt lange Gespräche führte, von dem aber keine einzige Zeile überliefert ist.

Häufig wurde versucht, die Schriftkritik Platons abzuschwächen. Vor der Konsequenz, dass Platon in seinen Werken durchgängig nicht sein vollständiges Wissen habe offenbaren wollen, schrecken viele zurück. Manche Interpreten haben deshalb argumentiert, Platon habe seine eigenen Werke, die ja als Dialoge stärker den Gesetzen der Mündlichkeit unterliegen, nicht mit seiner Schriftkritik meinen können. Dagegen spricht jedoch der genaue Wortlaut der betreffenden Stellen; unzweifelhaft ist selbst sein Hauptwerk, die *Politeia*, von diesen Vorbehalten nicht ausgenommen.[38] Wieder andere betonen, dass die Schriftkritik in erster Linie auf die Grenzen der sprachlichen Sagbarkeit von philosophischen Erkenntnissen überhaupt aufmerksam mache. Sie verweise deshalb nicht darauf, dass Platon bestimmte Lehrinhalte nur mündlich mitteilen wollte. Ihr gehe es – radikaler – darum, den vorläufigen Charakter von sprachlichen Äußerungen generell hervorzuheben.[39] Schließlich sei ja auch die mündliche Lehre auf Worte angewiesen: Sicherlich lassen sich durch sie Einsichten etwas verlässlicher vermitteln, garantieren kann aber auch das Gespräch nicht, dass die Kommunikation glückt.[40]

In der platonischen Schriftkritik überkreuzen sich bei genauer Betrachtung zwei verschiedene Ansätze. Der eine ist ein eher dialektisches Argument, das die Möglichkeit verneint, wahre Aussagen über die höchsten Dinge zu treffen. Deshalb gibt es nur eine sinnvolle philosophische Lehrmethode, nämlich durch Gespräche in Kontakt mit der Seele eines anderen zu treten und auf diese Weise eine intuitive Erkenntnis vorzubereiten.[41] Das zweite, esoterische Argument rückt eine andere Tendenz in den Vordergrund und ist nicht notwendig mit dem ersten zu verbinden: Der Philosoph muss sich bewusst sein, dass es unrichtig sein kann, das Wissen von den höchsten Dingen, also dasjenige, das mit dem größten Ernst gefunden worden ist, der Schrift anzuvertrauen.

Nach der *Phaidros*-Stelle kann der wahre Philosoph nur der

mündlich Philosophierende sein. Seine wichtigste Fähigkeit liegt darin, dass er seiner mündlichen ebenso wie seiner schriftlichen Unterweisung zu Hilfe kommen kann und dadurch die frühere schriftliche Fixierung in jedem Fall als geringwertiger erweist. Eben diese Qualität eines Menschen prüfen auch immer wieder die Dialoge: immer sind in ihnen Situationen dargestellt, in denen eine Ansicht «einem Angriff ausgesetzt ist und sein Urheber nun aufgefordert ist, ihm zu helfen»[42]. Kann er seine Ansicht «mit neuen und gewichtigeren Denkmitteln und Argumenten», also mit dem, was Platon das Wertvollere nennt, unterstützen, dann hat er sich als Philosoph ausgewiesen.[43] Da sich bei den Dialogpartnern des Sokrates immer wieder zeigt, dass sie dieser Anforderung nicht genügen und seiner dialektischen Prüfung nicht gewachsen sind, stellt sich die Frage, weshalb Platon nicht gleichberechtigte Sprecher auftreten lässt. Offensichtlich hat er dies nicht beabsichtigt. Es kam ihm wohl zunächst darauf an, verbreitete Fehlmeinungen zu widerlegen. Bei qualifizierteren Partnern wäre das Gespräch schnell in schwierigere Bereiche der Philosophie vorgestoßen. Dann hätten die Dialoge ein kleineres Publikum von höherer philosophischer Kompetenz angesprochen. Die Dialoge wollten offenbar nicht das letzte Wissen Platons mitteilen, sondern zeigen, wie in falschen Ansichten befangene Menschen unter Anleitung in die Philosophie hineinfinden. Sie wollten zur Philosophie ermuntern. Somit weisen die Dialoge über sich selbst hinaus: Mindestens einmal findet sich nahezu in jedem Dialog eine Stelle, an der die Erörterung abgebrochen und die Existenz wertvolleren Wissens angedeutet wird, das aber im Dialog nicht entfaltet werden soll.

Aber, ihr Trefflichen, das eigentliche Wesen des Guten wollen wir für jetzt auf sich beruhen lassen; denn für unseren derzeitigen Anlauf ist es, glaube ich, schon zu viel gefordert, jetzt auch nur das zu erreichen, was ich so vorläufig über die Sache meine.

Platon: Politeia 506 e

Wenn Platon von *Wertvollerem* spricht, sagt er klar aus, dass die Dialoge geringer sind als diese Hilfe. Die wertvolleren Dinge können deshalb auch nicht in den Dialogen selbst enthalten sein, sondern müssen aufgrund der besonderen Kompetenz des Philosophen jeweils für die spezifische Situation eines Gesprächs gefunden werden. Auch sind die Lehren in den schriftlich gefassten Dialogen Platons nie die gleichen, sondern immer dem philosophischen Niveau des Dialogpartners angepasst. Phaidros ist philosophisch eher noch ein Anfänger, seine Fähigkeit mitzudenken bestimmt die Stelle, an der die schriftliche Darlegung abbricht und die wertvolleren Dinge einsetzen würden, die in mündlicher und persönlicher Unterweisung vorgebracht werden. Bei fortgeschrittenen Dialogteilnehmern kann mehr in die Erörterung gelangen. Niemals wird jedoch alles, was Platon überhaupt an Erkenntnis besaß, Gegenstand der schriftlichen Darlegung.[44] Immer wird in den Dialogen ein Bereich sichtbar, in dem die mündliche Hilfe zum Vorschein kommen muss. Immerhin erhalten wir durch die Dialoge eine gewisse Vorstellung davon, wie diese mündliche Hilfe beschaffen gewesen sein könnte. Indem einzelne Abschnitte in den Dialogen und mehr noch die Dialoge untereinander sich gegenseitig erhellen, wird ansatzweise sichtbar, wie Platon den Blick über eine konkrete Situation hinaus sich weiten lassen konnte.

Dies lässt sich anschaulich an den drei Dialogen beobachten, die sich mit dem Prozess des Sokrates beschäftigen. Die Art, wie sich Sokrates verteidigt, ist genau auf die jeweiligen Zuhörer zugeschnitten. Bei den Richtern der *Apologie* kann Sokrates keine philosophische Empfänglichkeit voraussetzen; an die Stelle einer rationalen Begründung tritt deshalb der Verweis auf die Autorität des Apollo, der ihm die permanente Prüfung der Athener aufgetragen habe. Im Dialog *Kriton* legt Sokrates seinem Partner dar, weshalb er das Todesurteil annimmt und nicht aus dem Gefängnis flieht. Die philosophische Naivität Kritons bestimmt auch hier die Argumentation des Sokrates. Wieder führt er Autoritäten an, in diesem Fall die Gesetze Athens, denen er treu sein müsse, und gibt keine philosophische Rechenschaft über sein Verhalten. Anders sieht es im *Phaidon* aus, in dem Sokrates vor einem niveauvollen Zuhörerkreis die Unsterblichkeit der Seele und damit auch die Richtigkeit seines Handelns nachweist. Hier gibt er ganz deutlich seine Absicht bekannt, dass er sich vor seinen Freunden überzeugender verteidigen will als vor seinen Richtern.[45] Es lässt sich zudem beobachten, dass er seine Adressaten abgestuft nach ihrer philosophischen Vor-

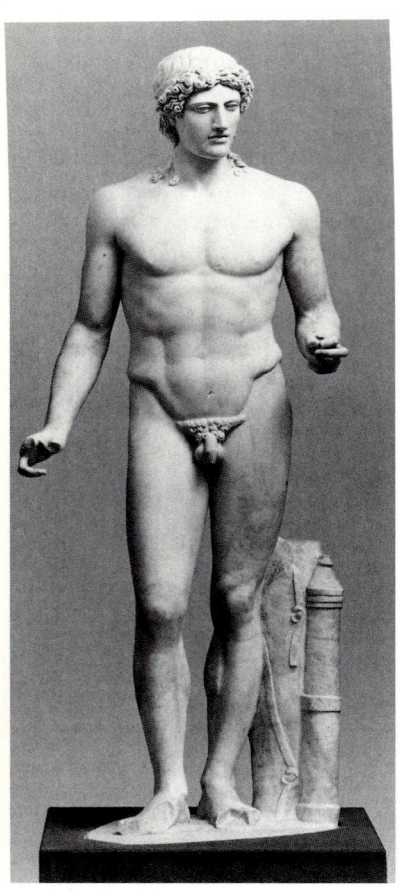

Apollon. Römische Marmor-
replik eines Bronzestandbildes
des Phidias, gegen 450 v. Chr.

bildung ernst nimmt. Am stärksten ist dieser Zug natürlich im *Phaidon* zu sehen; in der *Apologie* wendet Sokrates sich in seiner letzten Ansprache nur an den Teil der Richter, der ihn freigesprochen hat.[46]

Im *Phaidros* wird eindrucksvoll vorgeführt, wie ein junger Mensch für die Philosophie gewonnen wird – und wie dies nicht durch die Lektüre von Schriftwerken allein gelingen kann. Gerade die Empfänglichkeit des Phaidros für die Produkte der zeitgenössischen Rhetorik und seine vielleicht etwas naive Begeisterung für das jüngste Elaborat des Lysias wecken den pädagogischen Eros des Sokrates. Nachdem Phaidros die Rede des Lysias vorgetragen hat, erkundigt er sich nach dem Eindruck, den sie auf Sokrates gemacht hat und erhält folgende Antwort: *Ja, göttlich, mein lieber Freund, so daß ich ganz starr bin vor Staunen. Und zwar geriet ich in diesen Zustand um deinetwillen, Phaidros, indem ich dich ansah; denn du schienst mir verklärt zu werden von der Rede während des Lesens.* (*Phaidr.* 234 d) Sokrates interessiert sich für diesen jungen Athener und will seine Begeisterung auf ein lohnenderes Ziel lenken[47], das ihm größeres Glück verspricht.[48] Aber dies ist mit dem Medium, in dem die

Unterweisung erfolgt, untrennbar verknüpft. Phaidros ist fixiert auf eine durch die Literatur vermittelte Bildung, seinen Horizont bestimmen die klangvollen Namen der Redner und Autoren seiner Zeit. Von ihnen lässt er sich leichtgläubig beeindrucken. Sokrates geht es jedoch darum, Phaidros zum eigenständigen Denken zu führen. Und eben um dieses Zieles willen muss er eine Medienkritik einflechten, die die Höherwertigkeit des persönlichen Gesprächs herausstellt.[49]

Der *Phaidros* betont, wie viel Zeit derjenige aufwenden muss, der sich tatsächlich jenes Wissen aneignen will, um das es in der Philosophie geht.[50] Denn Wissen ist nicht einfach wie ein Gegenstand in Besitz zu nehmen oder durch gelungene Formulierungen adäquat mitteilbar.[51] Schriftliche Werke der Philosophie können zwar einem Interessierten den Zugang zu ihren Inhalten erleichtern oder überhaupt die Bereitschaft wecken, sich näher mit ihren Fragen zu befassen, doch der Mühe, sich selbst dieses Wissen anzueignen, wird dadurch niemand enthoben. Wer glaubt, durch die Lektüre bestimmter Texte Weisheit erlangt zu haben, ist im Grunde auf derselben Stufe wie jemand, der sich die Scheinweisheit der Sophisten zu Eigen gemacht hat. Prinzipiell sind die Nachteile der Schriftlichkeit jedoch auch bei der mündlichen Unterweisung präsent, doch durch die Möglichkeit, jederzeit zu intervenieren und das Gesagte zu hinterfragen oder zu korrigieren, sind sie deutlich gemindert. Allerdings machen der Widerwille des Sokrates, sich längere Reden anzuhören und die Vorbehalte, die die *Politeia* gegen dichterische Äußerungen vorbringt, auch darauf aufmerksam, dass nicht jede mündliche Redeweise philosophisch wertvoll ist: Je monologischer ihre Struktur und je suggestiver sie wirkt, umso weniger ist sie geeignet, ein echtes Gespräch zu eröffnen.

In den politischen Werken *Politikos* und *Nomoi* findet sich eine interessante Parallele zur Schriftkritik. Platon reflektiert dort über die Leistungsfähigkeit niedergeschriebener Gesetze und hält es für das Beste, wenn die *Macht nicht in den Gesetzen liegt, sondern in der Hand eines mit Einsicht ausgerüsteten königlichen Mannes* (*Polit.* 294 a). Ein Gesetz könne niemals alle denkbaren Fälle in einer regelartigen Fassung berücksichtigen, und dieser Mangel mache es einem *starrköpfigen, ungebildeten Menschen* ähnlich (*Polit.* 294 c). Mit einem Vergleich verdeutlicht Platon Stärke und Schwäche der Gesetze: Wenn ein Arzt verreist, tut er gut daran, einem ihm anvertrauten Kranken schriftliche Anweisungen zu hinterlassen. Kehrt er jedoch früher als geplant zurück, ist er als Sachverständiger nicht an diese schriftlichen Vorschriften gebunden.[52] An anderer Stelle räumt er ein, dass sorgfältig ausgebildete Richter selbst eine gründlich und verständig konzipierte Strafgesetzgebung unnötig machen würden.[53] Ja, ein Mensch, der in vollendeter Weise politische Erkenntnis besitze, würde alle Gesetze unnötig machen.[54] Umgekehrt seien selbst gute Gesetze wenig hilfreich, wenn sie von schlechten Behörden angewandt würden.[55] Die Gesetze sind also für Platon nur die zweitbeste Methode, den Staat zu leiten; unverzichtbar sind sie nur deshalb, weil keine Erziehung und keine Ausbildung garantieren können, einen Politiker hervorzubringen, der sie unnötig machen würde. Aber auch wenn seine Existenz ein besonderer Glücksfall ist, bleibt er das Leitbild Platons.[56] Die Gesetze bedürfen also ebenso wie die Schrift der Hilfe: Hier sind es die kompetenten Politiker und Richter, die auf richtige Weise von ihnen Gebrauch machen.[57]

DER ESOTERISCHE PLATON

Bei der Interpretation der platonischen Werke stehen sich zwei Richtungen diametral gegenüber. Die eine Gruppe von Wissenschaftlern glaubt, Platon habe in seinen Dialogen seine Philosophie vollständig dargestellt, zwischen dem Denker und dem Schriftsteller Platon bestehe deshalb kein Unterschied. Die andere Richtung, wegen der Universitätszugehörigkeit ihrer Urheber Konrad Gaiser und Hans-Joachim Krämer auch «Tübinger Schule» genannt, bestreitet, dass sich die Philosophie Platons nur aus einer Analyse seiner Dialoge gewinnen lässt. Sie verweist auf antike Nachrichten, in denen eine ungeschriebene Lehre Platons erwähnt wird. Und auch Platons Schriftkritik belege ihre Auffassung, dass er nur einen Teil seiner Philosophie schriftlich verbreitete, den höheren Teil jedoch nur in mündlicher Lehre seinen Schülern vermittelte. Versteht man die Schriftkritik so, würde sie gewissermaßen die Nahtstelle zwischen geschriebenen und ungeschriebenen Lehren bilden.[58] Anders als bei jedem modernen Autor wären die platonischen Schriften und die platonische Philosophie nicht identisch. Die Schriften würden vielmehr die Lehre «unter einem bestimmten Aspekt, auf einer bestimmten literarischen Ebene und nicht in letzter Instanz» darstellen.[59] Das Entscheidende bliebe immer die mündliche Unterweisung, nicht die Schriften. Den Inhalt dieser ungeschriebenen Lehren zu ermitteln, ist ein äußerst diffiziles Unterfangen. Aufschlüsse lassen sich allenfalls aus Andeutungen in seinen Werken gewinnen. Die antike Überlieferung ist bei dieser Frage eher dunkel, immerhin bezeugt sie die Existenz einer über die Dialoge hinausgehenden Lehre.[60] Da sich diese Philosophie in den Dialogen nicht findet und da die Dialoge umgekehrt darauf aufmerksam machen, dass es noch einen Teil der Philosophie gibt, der in ihnen nie zur Sprache kommen kann, gewinnt der Schluss an Plausibilität, dass es tatsächlich eine ungeschriebene Lehre Platons gegeben hat.[61] Zumindest einmal hat Platon auch einen öffentlichen Vortrag mit dem Titel *Über das Gute* gehalten – der jedoch falsche und allzu konkrete Erwartungen weckte und seine Zuhörer enttäuschte. Thema dieser Vorlesung war – nach allem, was rekonstruiert werden kann – offenbar eine «Zweiprinzipienlehre, nach der sich aus den Elementarbausteinen des Einen und der unbestimmten Zwei die ganze Welt aufbaut»[62].

Es ist nun fraglich, ob dasjenige, was Platon in den Dialogen zurückhält, mit dem identisch ist, was er in den ungeschriebenen Lehren vermittelte. Krämer und Gaiser waren davon überzeugt. Doch scheint die Zweiprinzipienlehre mit den platonischen Dialogen nicht vereinbar zu sein. Denkt man etwa an die *Politeia*, die einen Aufstieg zu einem Prinzip, der Idee des Guten, vorführt, bleibt kein Raum für eine dualistische Interpretation dieses Dialogs. Und die Schnittmenge zwischen dem, was die Dialoge verschweigen, und der ungeschriebenen Lehre ist vielleicht doch kleiner, als vielfach angenommen wird.[63]

Auch für die Anhänger der esoterischen Platon-Deutung bleiben die Dialoge in jedem Fall wichtige philosophische Texte: Platon hat in erster Linie als Autor dieser Dialoge gewirkt, die ungeschriebene Lehre Platons hat demgegenüber nur sehr vage Spuren in der Philosophiegeschichte hinterlassen.

Die Annahme einer esoterischen Philosophie Platons bedeutet gleichwohl nicht, dass er einer Geheimlehre vorstand. Die platonische Akademie gleicht in nichts einer Sekte, die für den Fall eines Verrats von Lehrinhalten Sanktionen verhängt. Derartiges ist für die Pythagoreer bezeugt, die ein Mitglied aus ihrer Gemeinschaft ausschlossen, weil es eine mathematische Erkenntnis weitergegeben hatte.[64] Die Esoterik im Sinn Platons hat jedoch mit derartigem Zwang nichts gemein. Wer philosophisches Wissen besitzt, soll damit verantwortungsvoll umgehen. Missachtet er dies, hat er zwar keine Sanktionen zu befürchten, doch er verliert die Achtung der Mitphilosophierenden, weil er letztlich sich selbst und der gemeinsamen Sache geschadet hat: «Esoterik ist sachbezogen, Geheimhaltung machtbezogen.»[65] Esoterik bei Platon bedeutet vielmehr, dass er auf eine gründliche Auswahl der Schüler Wert legte, die er in die Vollendung seiner Philosophie

Darstellung des Philosophen Pythagoras als Musiker. Chorgestühl des Ulmer Münsters von Jörg Syrlin d. Ä., 1469–1474

einweihte: Nur wer die philosophischen, charakterlichen und nicht zuletzt mathematischen Voraussetzungen besaß, war reif für diese Unterweisung. Diese Sorgfalt ist durch die radikale Absicht der Philosophie, ihren fundamentalen Anspruch begründet. Es ging ja um nichts Geringeres, als den ganzen Menschen umzuformen im Sinn der Philosophie Platons. Bei einem so einschneidenden Vorgang wollte Platon es nicht verantworten, die Verbreitung und vor allem auch die Deutung seiner Schriften aus der Hand zu geben.[66]

Die besonderen Merkmale seines Werks, vor allem der Dialogcharakter, erschweren es, die Philosophie Platons systematisch darzustellen. Philosophiert wird jeweils aus einem konkreten Anlass heraus, in einer bestimmten Situation und vor allem mit einem individuellen Gesprächsteilnehmer. Zu wichtigen Themen der platonischen Philosophie finden sich deshalb in den Dialogen oftmals nicht ganz deckungsgleiche Ausführungen. Zum berühmtesten Teil des Platonismus, der Ideenlehre, gibt es keine längere Darstellung Platons: Eine zusammenhängend referierte Ideenlehre ist also ein Konstrukt aus mehreren seiner Denkansätze. Dieses Verfahren ist nicht von vornherein ohne Berechtigung, doch sollte die Diskrepanz zwischen dem Vorgehen Platons – das nicht abgekoppelt von seiner Darstellungsform gesehen werden kann – und einer systematisierenden Darlegung seiner Philosophie immer wahrgenommen werden. Anders ausgedrückt: Über die Philosophie Platons lässt sich sicherlich schreiben, sie lässt sich auch beschreiben. Doch gilt hier besonders, dass das Lesen von Sekundärliteratur über Platon die persönliche Erfahrung, wie sie die Lektüre seiner Werke vermittelt, nicht ersetzen kann.

APORETISCHE DIALOGE

Eine eigene Gruppe unter seinen Dialogen bilden die frühen Schriften, in denen nach einer genauen Bestimmung zentraler ethischer Eigenschaften gesucht wird. Die Vorgehensweise, um zu gesicherten Begriffsdefinitionen zu gelangen, ist in diesen Werken ähnlich; offenbar wirkt hier eine auch vom historischen Sokrates angewandte Methode nach. Ausgangspunkt ist jeweils die Frage des Sokrates an seine Gesprächspartner, was das Wesen einer bestimmten Tugend sei. So fragt der *Laches*, was die Tapferkeit ist; der *Charmides* nach der Definition der Besonnenheit und der *Euthyphron* nach der der Frömmigkeit. Dabei zeigt sich schnell, dass die jeweiligen Antworten einer Überprüfung nicht standhalten und die Gesprächsteilnehmer gezwungen sind, sich von ihrem Scheinwissen und unreflektiert übernommenen Ansichten freizumachen und durch eigenes Denken zu besseren Auffassungen zu gelangen. Wie Sokrates von sich sagte, er wisse, dass er nichts wisse (und er eben deshalb weiser als die anderen sei), so tauschen sie ihr falsches Wissen gegen ein Nichtwissen ein. Der Gewinn dieser Gespräche ist zunächst ein von Sokrates herbeigeführtes Scheitern, das jedoch weiterführt, sofern sich die Dialogpartner weiter auf die Philosophie einlassen. Ein Kriterium für philosophische Empfänglichkeit ist die Fähigkeit, sich wie Sokrates über das besprochene Problem wundern zu können: *Denn gerade den Philosophen kennzeichnet diese Gemütsverfassung, die Verwunderung. Denn diese, und nichts anderes, ist der Anfang der Philosophie.* (*Theait.* 155 d)

Wegen ihres Scheiterns heißen diese Dialoge aporetisch. Die Aporie kommt immer dadurch zustande, dass die Dialogpartner nicht über ihre unzureichenden Vorstellungen hinausdenken können. Sie verhalten sich deshalb wie Kinder, die hinter Lerchen herjagen, ohne sie jemals erwischen zu können.[67] Der Dialog *Laches* etwa führt dies für die Tapferkeit vor. Zwar wird erkannt, dass eine Bestimmung dieses Begriffs nur gelingen wird, wenn man auf ein festes Wissen zugreifen kann. Doch welcher Art dieses Wissen sein muss, um Grundlage für tapferes Verhalten zu sein, wird nicht klar. Laches bleibt in seiner konventionellen Denkwelt befangen, und Nikias, ein weiterer Teilnehmer dieses Gesprächs, hat zwar einen richtigen Wissensbegriff, aber keine Einsicht in die Konsequenzen, die mit ihm verbunden sind.

Während die Redepartner des Sokrates nicht über die der materiellen Welt verhafteten Denkansätze hinausgelangen, sind schon in diesen frühen Dialogen für den philosophisch besser orientierten Leser Andeutungen eingestreut, die eine neue Perspektive eröffnen: Es sind versteckte Hinweise auf das Ideendenken, das eine Lösung vorstellbar macht. Die Aporien betonen die Untauglichkeit der vertrauten Denkwege und die Notwendigkeit einer Ideenlehre. Selbstverständlich wird sie in den frühen Dialogen nicht näher ausgeführt, weil die Gesprächspartner einer solchen Darlegung nicht gewachsen wären; das Problem wird jeweils nur so weit durchdrungen, wie es das geistige Niveau der Gesprächspartner zulässt. Erst in der *Politeia* trifft Sokrates in Glaukon und Adeimantos auf Gesprächspartner, die für eine genauere Darlegung geeignet sind. In diesem Werk wird unübersehbar deutlich, dass nur durch die Ideenlehre und eine dialektische Untersuchung gültiger Aufschluss über die ethischen Grundlagen des menschlichen Zusammenlebens zu erreichen ist. Die Figur des Sokrates nimmt in diesen Dialogen zwei Funktionen wahr: Zum einen besteht er auf seinem Nichtwissen, er ist – wie es an einer Stelle im *Theaitetos* heißt, kein *Sack, in den man nur hineinzugreifen brauche* (*Theait.* 161 a). Zum anderen sucht er durch seine Fragetechnik aus seinen Partnern ein höheres Wissen herauszulocken. Sokrates, Sohn einer Hebamme, schreibt sich die philosophische Hebammenkunst, die Maieutik, zu: *Mit meiner Entbindungskunst steht es nun im übrigen so wie bei jenen; der Unterschied aber ist der, daß meine Kunst Männer, nicht Weiber entbindet, und daß es die Seelen der Männer sind, auf deren Geburtswehen sie ihr Augenmerk richtet, nicht ihre Leiber. Der wichtigste Teil aber meiner Kunst ist die Fähigkeit, auf jede Weise zu prüfen, ob der Geist des Jünglings eine Schein- und Lügengeburt zutage bringt, oder etwas Echtes und Wahres. Denn in folgendem Punkte gleiche ich ganz den Hebammen: ich selbst bin unfruchtbar an Weisheit, und mit dem Vorwurf, den schon viele mir gemacht haben, daß ich nämlich zwar die anderen frage, selbst aber keinerlei Antwort gebe, weil ich über keine Weisheit gebiete, hat es seine volle Richtigkeit.* (*Theait.* 150bc)

Die Ermittlung ethischer Werte, etwa der Tapferkeit, ist nicht nur eine interesselose philosophische Bemühung. Bedenkt man, wie die sophistische Rhetorik Begriffen wie dem der Tapferkeit alle möglichen inhaltlichen Bestimmungen verleihen konnte; bedenkt man ferner, wie Thukydides schonungslos feststellte, dass man in Athen die richtigen Benennungen verloren hat, wird die eminent politische Implikation dieser Definitionsversuche deutlich: Sie dienen zunächst der philosophischen Versicherung, haben aber eine ganz praktische Auswirkung auf das menschliche Zusammenleben.

Platons Sorge für die Seele

WISSEN ALS WARE

In seinen Dialog *Protagoras* hat Platon eine hinreißende Karikatur des sophistischen Schulbetriebs eingeflochten: Die Nachricht, der berühmte Sophist Protagoras sei in Athen angekommen, elektrisiert Hippokrates, einen jungen Bekannten des Sokrates, geradezu. Noch nicht ganz selbständig, bestürmt er seinen Meister, ihn zum Haus des Kallias zu begleiten, wo diese Koryphäe des damaligen Bildungswesens abgestiegen war: *Als wir aber auf den Platz vor dem Haus gekommen waren, machten wir halt, weil begriffen in einer Unterhaltung über eine Frage, auf die wir unterwegs zu sprechen gekommen waren. Um nun die Erörterung nicht abzubrechen, sondern sie vor unserem Eintreten zu Ende zu führen, blieben wir auf dem Vorplatz stehen und setzten die Unterredung fort, bis wir zum Einverständnis gelangt waren. Der Türhüter, ein Verschnittener, hörte, wie es schien, unser Gespräch. Allem Anschein nach aber ist er wegen des Zudranges der vielen Sophisten auf die Besucher des Hauses übel zu sprechen. Kaum nämlich hatte er auf unser Klopfen die Tür geöffnet und uns erblickt, so rief er: «Aha, wieder Sophisten! Mein Herr hat keine Zeit.» Dabei faßte er die Tür mit beiden Händen zugleich und warf sie mit voller Wucht wieder zu. Wir wiederholten nun unser Klopfen. Er aber erwiderte hinter der zugesperrten Tür: Ihr Kerle, habt ihr denn nicht gehört, daß mein Herr keine Zeit hat? Aber, mein Bester, entgegnete ich, wir wollen ja gar nicht zum Kallias, sind auch keine Sophisten. Also nur ruhig Blut! Unser Besuch gilt nur dem Protagoras, den wir zu sehen wünschen. Melde uns ihm also. Nur mit größtem Widerstreben öffnete uns der Mensch dann endlich die Tür. Wir traten nun ein. Unser Blick fiel zunächst auf den Protagoras, der in der Säulenhalle auf und ab wandelte. […] Die sich hinten anschließende Schar derer, die der Unterhaltung lauschten, bestand, wie es schien, zum größten Teil aus Fremden, wie sie Protagoras aus allen von ihm berührten Städten mit sich führt – denn er lockt sie mit seiner Stimme wie Orpheus, und sie folgen dem Zauber seines Gesangs –, doch fanden sich auch einige Einheimische in dem Chor. Bei den Bewegungen*

dieses Chores machte es mir besondere Freude zu beobachten, wie ge-
schickt und behutsam sie es vermieden, dem Protagoras vorn in den Weg
zu treten; sooft nämlich er und seine Begleiter kehrtmachten, traten die
stummen Zuhörer mit allem Anstand und in bester Ordnung auf beide
Seiten auseinander, schwenkten im Kreise herum und reihten sich dann
immer wieder hinten mit unfehlbarer Sicherheit an. (Prot. 314 c – 315 b)
Dass Platon hier in spöttischer Absicht überzeichnet, ist offensichtlich. Doch klingen hinter dieser Tönung auch ernsthafte Motive an. Besonders auffällig ist der Kontrast zwischen dem sokratischen Gespräch und dem zauberhaften Gesang des Protagoras, der
offenbar die Zuhörer bannt, sie aber auch stumm macht: Dialog
und Rhetorik, Sprache im Dienst der gemeinsamen Suche nach
Wahrheit und Sprache als Mittel, blinde Bewunderung zu erzeugen, sind hier gegenübergestellt.

Diese unwiderstehliche Gewalt, mit der Protagoras junge
Menschen an sich bindet, muss Sokrates und Platon verdächtig erscheinen, denn sie macht unfähig zum kritischen Durchdenken
der sophistischen Lehre. Die Hörer der Sophisten übernehmen das
Wissen, das ihnen dargeboten wird, während die Dialogpartner
des Sokrates im Gespräch die ersten eigenen Schritte zur Wahrheitsfindung tun. Platon hatte ein grundsätzlich anderes Verständnis von Wissen, und auf diesen Gegensatz macht auch der
zentrale, immer wieder von ihm gegen die Sophisten erhobene
Vorwurf aufmerksam: dass diese Wanderlehrer sich ihren Unterricht bezahlen ließen.[68] Protagoras ist sogar so offenherzig zu behaupten, dass das von ihm geforderte Lehrgeld eher zu niedrig als
zu hoch ist.[69] Diese Kritik Platons zielt letztlich nicht auf besondere ökonomische Tüchtigkeit oder eine ausgeprägte Raffgier. Ein
solcher Vorwurf wäre auch anachronistisch gewesen, denn Protagoras und die sophistische Prominenz wirkten gar nicht mehr, als
Platon seine Dialoge schrieb. Es geht vielmehr um den Umgang
mit dem Wissen: Die Sophisten handeln mit Wissensgegenstän-
den, als wären sie eine greifbare und in ihrem Wert fest bestimm-
bare Ware. So gibt in dem Einleitungsgespräch des *Protagoras* Sokrates zu bedenken: *Ist nun nicht, mein Hippokrates, der Sophist eine*
Art Großhändler oder auch Krämer mit Waren, die der Seele zur Nah-
rung dienen? Mir wenigstens will es so vorkommen, als wäre er so et-

Tuchhändler beim Abwiegen der Ballen.
Schwarzfigurige Malerei auf einer attischen Oinochoe,
Mitte des 6. Jahrhunderts v. Chr.

was. – Worin aber, Sokrates, besteht denn die Nahrung der Seele? – In Kenntnissen doch wohl, erwiderte ich. Und man hüte sich wohl, mein Freund, daß uns der Sophist nicht täusche mit der Anpreisung seiner Waren, wie es bei den Händlern mit leiblicher Nahrung üblich ist, beim Kaufmann und Krämer. Denn was von ihren dargebotenen Waren wirklich tauglich oder untauglich ist für den Körper, das wissen weder sie *selbst – preisen aber alles an beim Verkauf – noch ihre Käufer, es müßte denn einer gerade ein Turnmeister oder Arzt sein. Ebenso treiben es nun auch die Händler mit Wissensvorräten. von Stadt zu Stadt umherziehend bieten sie im Groß- und Kleinverkauf jedem Kauflustigen ihre Waren dar und preisen alles an, was sie verkaufen; und doch, mein Bester, dürften gar manche von ihnen nicht wissen, was davon der Seele zuträglich oder schädlich ist. Und das gleiche gilt auch von den Käufern, es müßte denn einer gerade ein Seelenarzt sein.* (*Prot.* 313 c–e). Im Grunde kehrt hier der Gedanke wieder, der auch im Zentrum der Schriftkritik steht: Wer sich aus Büchern mit Wissen versorgt, glaubt fälschlicherweise, sich durch das bloße Lesen Wissen anzueignen, tatsächlich sind diese angelesenen Kenntnisse aber philosophisch irrelevant. Demselben Irrtum sitzt auch der Hörer der Sophisten auf: Er hat zwar die Kenntnisse der Sophisten gelernt, aber er hat nicht die Fähigkeit entwickelt, diese zu überprüfen oder sie aus eigener Einsicht heraus zu verteidigen.

Wie zweifelhaft jedenfalls das Bildungsangebot der Sophisten erscheinen muss, wird schon dadurch offenkundig, dass sie regelmäßig nicht imstande sind, den Inhalt ihrer Lehren überzeugend zu erklären. Worin eigentlich machen sie weise, lautet immer wieder die Frage des Sokrates, auf die er nie andere als unzureichende Auskunft erhält. So fragt er im *Protagoras* diesen berühmten, sich etwas eitel aufführenden Sophisten, worin denn sein Schützling Hippokrates profitieren würde, ginge er bei ihm in die Lehre. Protagoras erwidert, er würde mit jedem Tag an Tüchtigkeit zunehmen.[70] Aber in welcher Art von Tüchtigkeit, will Sokrates wissen. Erneut zwingt er Protagoras zur Bestimmung der von ihm angebotenen Lehre. Wie ein Maler sagen könnte, er mache jemanden tüchtiger in der Malkunst oder ein Flötenspieler in der des Flötenspiels, soll Protagoras seine Profession genauer angeben. Seine Antwort lautet: *Was aber bei mir erlernt wird, ist Wohlberatenheit einerseits in den persönlichen Angelegenheiten, also Kunde dessen, wie das Haus am besten verwaltet wird, andererseits in den öffentlichen Angelegenheiten, also die möglichst große Befähigung, die Staatsangelegenheiten durch Wort und Tat zu leiten. – Fasse ich deine Worte, erwiderte ich, auch richtig auf? Irre ich nämlich nicht, so meinst du damit die Staatskunst und machst dich anheischig, deine Schüler zu guten Staatsbürgern zu machen. – Damit triffst du, mein Sokrates, genau das, wozu ich mich anheischig mache. (Prot.* 318 e – 319 a) Der Protest des Sokrates folgt prompt. Ist die Staatsbürgerkunst überhaupt lehrbar? Zeigt sich nicht bei Beratungen, bei allgemeinen politischen Entscheidungen, dass jeder auch ohne besondere Ausbildung mitreden darf? Dagegen sind bei Sachentscheidungen nur die jeweiligen Experten als Redner vorgesehen, eben weil für sie eine erlernbare Kunst erforderlich ist. Und es gibt noch einen gravierenden Grund, den Sokrates vorbringt: *Auch in den persönlichen Angelegenheiten sind die einsichtsvollsten und tüchtigsten Bürger nicht imstande, ihre Tüchtigkeit auf andere zu übertragen. Denn Perikles, der Vater dieser Jünglinge hier, hat sie in allem, wobei es auf Unterweisung durch Lehrer ankommt, gut und trefflich heranbilden lassen, was aber das Gebiet seiner besonderen eigenen Einsicht anlangt, so bildet weder er selbst sie heran, noch vertraut er sie einem anderen an, sondern wie frei weidendes Herdengetier streifen sie, sich selbst überlassen umher, um auf gut Glück der Tüchtigkeit teilhaftig zu werden. (Prot.* 319 e – 320 a) Ein weiterer Vorwurf gegen die Sophisten betrifft den Relativismus ihrer Ansichten. Im *Theaitetos* wird der Lehrsatz des Protagoras interpretiert und widerlegt, der im Kern die Geschäftsgrundlage sophistischen Redens enthält. Es ist der berühmte Satz, nach dem Protagoras behauptet, «der Mensch sei das Maß aller Dinge, der seienden, dass sie sind, der nicht seienden, dass sie nicht sind»[71]. Im *Theaitetos* wird dieser Satz so ausgelegt, dass das Wissen nichts anderes als Wahrnehmung ist. Sokrates bestreitet dies: Wer keine Kenntnisse von etwas hat, kann dafür unmöglich ein Maß sein.[72]

> Wenn jemand die Kunst der Rede kennenlernt und sich zu eigen macht, kann er es schon in kurzer Zeit seinem Lehrer gleichtun; die Tugend dagegen, die aus vielen Taten erwächst, die kann man nicht, wenn man spät anfängt, und auch nicht in kurzer Zeit zur Vollendung bringen, sondern man muß mit ihr zusammen aufgewachsen und großgeworden sein.
>
> Anonymus Iamblichi

Platon stellt scharf heraus, dass die Sophisten im 5. Jahrhundert v. Chr. zwar den Bildungsbereich an sich gezogen haben, dieser wichtigen Aufgabe jedoch nicht gewachsen gewesen sind. Eine Dialogfigur, Kriton, der einen guten Lehrer für einen seiner Söhne

Karikatur eines diskutierenden Sophisten (?).
Rotfiguriger Askos, um 440 v. Chr.

sucht, zieht ein erschrockenes Fazit: *Wenn ich mir dann aber einen
von den Männern ansehe, die sich anheischig machen, die Menschen
geistig zu bilden, so erfaßt mich ein wahrer Schrecken, und ich finde keinen, der mir nicht bei näherer Betrachtung, dir die Wahrheit zu sagen, alles andere eher als dazu geeignet erschiene.* (*Euthyd.* 306 e – 307 a)

WISSEN ALS SEELENZUSTAND

Aus der Kritik des sophistischen Wirkens hat Platon die Schlussfolgerung gezogen, dass eine bessere Erziehung das wichtigste Be-
dürfnis seiner Zeit sei. Allerdings hat er sie nicht wie die Sophisten
als äußerliche Kenntnisse verstanden, sondern ihr und der Bildung eine völlig neue und gewissermaßen radikalere Dimension
eröffnet: Erziehung ist für ihn Sorge für die Seele; der Zustand der
Seele hängt demnach unmittelbar mit der Bildung und Erziehung
des Menschen zusammen. Er war so stark von dem Optimismus
durchdrungen, der Seele könne ethische Substanz vermittelt wer-

den, dass er ein freiwilliges Fehlverhalten nicht in Betracht zieht: *Denn niemand ist freiwillig schlecht, vielmehr tragen irgendeine übele Beschaffenheit des Körpers und eine verfehlte Erziehung die Schuld, daß ein Schlechter schlecht wird; und wem dies begegnet, dem geschieht es zu seinem Verdruß und wider seinen Willen.* (*Tim.* 86de) Die Behauptung, dass niemand gegen sein Wissen schlecht handeln kann, hat die Bezeichnung «Tugendwissensatz» erhalten. Sie zieht sich durch das gesamte platonische Denken. Schon die frühen aporetischen Dialoge zeigen in ihrem Bemühen, sichere Definitionen für Kardinaltugenden zu gewinnen, diese typische Verbindung von Wissen und Handeln.

Zu den schädigenden Bildungseinflüssen zählt Platon ausdrücklich auch verkehrte Staatseinrichtungen, insbesondere die verderbliche Rhetorik, die mit ihnen untrennbar verbunden ist. Deshalb muss *jeder mit ganzer Kraft danach streben, durch Erziehung, Lebensgrundsätze und wissenschaftliche Bildung dem Laster zu entfliehen und der Tugend zu huldigen* (*Tim.* 87 b). Wissen formt die Seele, auf der anderen Seite gibt es für Platon jedoch einen direkten Zusammenhang zwischen schlechten Bildungsinhalten und einer Beeinträchtigung der Seele. Eben diese Gefahr stellt Sokrates dem Hippokrates vor Augen: *Speisen und Getränke nämlich kann man, wenn man sie von einem Krämer oder Kaufmann eingehandelt hat, in besonderen Gefäßen forttragen und bevor man sie durch Trinken oder Essen in den Leib aufnimmt, im Hause stehen lassen und unter Zuziehung eines Sachverständigen sich Rat holen, was davon sich zum Essen oder Trinken empfiehlt und was nicht, und wieviel und wann; mit dem Kauf hat es also hier keine weitere Gefahr. Kenntnisse aber kann man nicht in einem besonderen Gefäße wegtragen, sondern hat man einmal den Kaufpreis erlegt, so muß man sie unmittelbar in die Seele aufnehmen und sich mit ihrem Besitze abfinden, gleichviel ob es einem zum Schaden oder zum Nutzen ausschlägt.* (*Prot.* 314ab)

Die Erkenntnis hat eine besondere Bedeutung: Sie bietet nicht nur eine Orientierung, um richtig handeln zu können, sondern soll auch das Glück des Menschen garantieren. Sokrates kritisiert den allgemeinen Umgang mit der Erkenntnis und stellt Protagoras die Frage, wie er es denn mit der Erkenntnis hält: *Die meisten nämlich halten von der Erkenntnis nicht viel; sie meinen, sie sei nichts*

Starkes, Leitendes, Gebietendes, und sie wollen sie nicht als etwas von dieser Art anerkennen, behaupten vielmehr, es komme oft genug vor, daß der Mensch die Erkenntnis zwar besitze, daß aber nicht sie über ihn die Herrschaft habe, sondern irgend etwas anderes, bald Zorn, bald Lust, bald Unlust, zuweilen auch leidenschaftliche Liebe und oftmals Furcht, kurz sie denken von der Erkenntnis nicht besser als wie von einem Sklaven: in solchem Maße lassen sie sich von allen übrigen Seelenzuständen herumzerren. Denkst du nun auch ähnlich über sie, oder ist die Erkenntnis in deinen Augen etwas Schönes und berufen zur Herrschaft über den Menschen dergestalt, daß wer das Gute und Böse richtig erkennt, schlechterdings durch keine Gewalt dazu gebracht werden kann, etwas anderes zu tun, als was die Erkenntnis gebietet, da es eben keine bessere Gehilfin für den Menschen gibt als die Einsicht? (Prot. 352bc)

Wie aber lässt sich diese für das Glück des Menschen so wesentliche Erkenntnis gewinnen? Und weshalb streben nur so wenige nach ihr? Auch dem angesprochenen Protagoras geht es natürlich nicht um Erkenntnis im platonischen Sinn. Ein solcher Entschluss hätte nämlich erhebliche Auswirkung auf sein Leben insgesamt: Er müsste dazu bereit sein, sich möglichst aus den Bedingungen, in die er durch seine körperhafte Existenz gestellt ist, zu befreien und allein mit der Kraft der Vernunft Erkenntnis zu erstreben: *Denn solange wir mit dem Körper behaftet sind und unsere Seele mit diesem Übel verwachsen ist, werden wir niemals in vollem Maße erreichen, wonach wir streben; es ist dies aber, wie wir behaupten, die Wahrheit. Denn tausenderlei Unruhe verursacht uns der Körper schon durch die notwendige Sorge für seine Ernährung; stellen sich aber außerdem noch Krankheiten ein, so hindern sie uns in der Jagd nach dem Seienden. Ferner erfüllt uns der Körper mit allerlei Liebesverlangen, mit Begierden und Ängsten und allerhand Einbildungen und vielerlei Tand, kurz er versetzt uns in einen Zustand, in dem man sozusagen gar nicht recht zur Besinnung kommt. Denn auch Kriege, Aufruhr und Schlachten sind allein eine Folge des Körpers und seiner Begierden. Denn um den Erwerb von Geld und Gut handelt es sich bei der Entstehung aller Kriege, Hab und Gut aber sehen wir uns gezwungen zu erwerben um des Körpers willen, dessen Ansprüche befriedigt sein wollen. Aus allen diesen Gründen haben wir keine Muße zur Philosophie. [...] Es ist also für uns in der Tat eine ausgemachte Sache, daß, wenn wir jemals eine reine Er-*

*kenntnis erlangen wollen, wir uns von ihm [dem Körper] frei machen
und allein mit der Seele die Dinge an sich betrachten müssen. Und nicht
eher, wie es scheint, wird uns das zuteil werden, wonach wir streben und
was der Gegenstand unserer Liebe ist, nämlich die Vernünftigkeit, als bis
wir gestorben sind – das zeigt sich ganz klar –, solange wir leben aber
nicht. Denn wenn es unmöglich ist, in Gemeinschaft mit dem Körper eine
reine Erkenntnis zu erlangen, so gibt es nur zwei Fälle: entweder ist es
überhaupt unmöglich, ein Wissen zu erlangen oder erst nach unserem
Tode. Denn dann wird die Seele ganz für sich sein, getrennt vom Körper,
eher aber nicht. Und solange wir leben, werden wir, wie es scheint, dem
Wissen dann am nächsten kommen, wenn wir uns so viel als möglich des
Verkehrs mit dem Körper enthalten.* (Phaid. 66 b – 67 a)

Die Sorge für die Seele motiviert letztlich jede philosophische
Anstrengung. Die Ethik, die Platon aus diesem Prinzip ableitet, ist
dem individuellen Glücksstreben verpflichtet. Es geht zunächst
darum, wie sich der Mensch verhalten soll, um einen erstrebens-
werten Seelenzustand zu erreichen. Die Seele kann glücklich werden, wenn sie sich dem Göttlichen zuwendet und ihm ähnlich
wird. Wendet sie sich hingegen dem Körper zu, wird sie immer
stärker an ihn gefesselt und verfehlt damit die Tendenz ihres un-
sterblichen und göttlichen Wesens: *Aber in die Gemeinschaft der
Götter zu gelangen, ist keinem vergönnt, der sich nicht der Philosophie ge-
weiht hat und völlig rein von hier abscheidet, sondern nur dem Weis-
heitsliebenden. Eben deshalb [...] enthalten sich die richtig Philosophie-
renden standhaft aller körperlichen Begierden und geben sich ihnen nicht
hin [...].* (Phaid. 82bc)

Aus dieser Grundkonzeption lässt sich nur indirekt eine soziale Ethik entwickeln. Platon hat so argumentiert, dass die Gerechtigkeit einen Seelenzustand darstelle, der für das Individuum
besonderes Glück mit sich bringt. Ein gerechtes Leben dient also
zugleich dem fremden wie dem eigenen Wohlergehen. In diesem
Sinn kann Sokrates auf seinen Dienst für den Staat hinweisen,
auch wenn er im eigentlichen Sinn kein Politiker gewesen ist:
*Auch glaube ich, daß euch und euerer Stadt nie ein größeres Glück be-
schert worden ist als dieser mein dem Gott geweihter Dienst. Besteht ja
doch meine ganze Tätigkeit darin, daß ich in beständiger Wanderung
euch mahne, jung und alt, weder das körperliche Wohl noch die Sorge für*

Hab und Gut höher zu stellen und eifriger im Auge zu haben als das Wohl der Seele und ihre möglichste Besserung. (Apol. 30ab)

Platon hat sich den Aufbau der Seele aus drei Teilen vorgestellt: dem vernünftigen Seelenteil, gegen den der begehrliche Teil im Kampf liegt, der aber durch den zornmutigen Hilfe erfahren kann.[73] Dieser Zorn ist jedoch kein schlechter Affekt, sondern meint etwa jene Heftigkeit, mit der jemand streitet, der sich im Recht weiß. Bei der Dreiteilung der Seele ist Platon über Sokrates hinausgegangen und hat auch irrationale Kräfte in der Seele anerkannt. Stärker noch als Platon hat Sokrates eine Identität zwischen richtigem Wissen und richtigem Handeln gesehen. Platons Vorstellung des begehrlichen Seelenteils eröffnet einem neuen Faktor, dem Willen, eine gewisse Bedeutung. In einer guten Seele muss der vernünftige Teil die Leitung innehaben. Dieses Ziel wird durch Erziehung erreicht, bei der vor allem eine Mischung aus Musik und Gymnastik auf den vernünftigen Teil stimulierend wirkt, während der zornmutige durch die Harmonie gemildert wird: *Und diese beiden, in solcher Weise erzogen und in Wahrheit in dem, was das Ihrige ist, unterwiesen und herangebildet, werden dann den begehrlichen Teil unter ihre Leitung nehmen, der sich bei jedem in der Seele am breitesten macht und nie genug haben kann. Sie werden über ihn wachen, daß er nicht, durch Befriedigung der vermeintlichen Lüste des Leibes angeschwollen und stark geworden, aufhöre, das Seinige zu tun und sich herausnehme, dasjenige sich untertänig zu machen und zu beherrschen, über das einem Geschlechte seinesgleichen die Herrschaft nicht zukommt, und so das gesamte Leben aller von Grund aus zerstöre.* (*Pol.* 442ab) Wer jedoch dem begehrlichen Seelenteil folgt, der strebt einer falschen Lust nach, die eine bloße Abspiegelung der wahren Lust ist.[74]

Platon hat die Unsterblichkeit der Seele angenommen. Diese Annahme hängt eng mit seiner Ideenlehre zusammen: Da die Seele des Menschen zur Ideenschau fähig ist, muss sie eine gewisse Ähnlichkeit zu dem Objekt ihrer Erkenntnis aufweisen. Da die Ideen unvergänglich sind, kann die Seele nicht sterblich sein. Es ist jedoch eine heikle Frage, ob Platon eine individuelle Unsterblichkeit angenommen hat. Einerseits spricht er häufiger davon, dass die Seele je nach Verdienst belohnt oder bestraft wird.

Während dieser Annahme eine persönliche Unsterblichkeit zugrunde liegt, finden sich auch Stellen, nach denen die Seelen immer wieder in neue Körper einziehen. Eindeutig klären lässt sich diese Frage auch nicht durch ein weiteres wichtiges Element der platonischen Seelenlehre, die so genannte Wiedererinnerungslehre. Nach Platon gibt es eine Zeit, in der die Seele vom Körper getrennt, gewissermaßen aufgehoben in der Weltseele und losgelöst von einem persönlichen Leben, existiert.

Die Wiedererinnerungslehre beseitigt eine zentrale Lücke in der platonischen Erkenntnistheorie. Da die im fortwährenden Wandel begriffene Erfahrungswelt kein sicheres Wissen, sondern nur Meinen zulässt, und da nur die Ideenwelt der Bereich echter Erkenntnis sein kann, muss geklärt werden, wie etwas gewusst werden kann, was mit den Primärsinnen nicht erfahrbar ist. Wie kann der Mensch ein Wissen vom Guten, vom Gerechten oder auch von mathematischen Gesetzmäßigkeiten erlangen? Die Mythen der platonischen Dialoge argumentieren mit einem durch die Wiedererinnerung gewonnenen Wissen. Entfaltet wird dies vor allem im *Menon*: *Da also die Seele unsterblich und oft wiedererstanden ist und was hier auf Erden und was im Hades ist, kurz alle Dinge geschaut hat, gibt es nichts, was ihr unbekannt wäre. Mithin ist es kein Wunder, wenn sie imstande ist, auch hinsichtlich der Tugend und anderer Dinge sich wiederzuerinnern an das, was sie ehedem ja doch wußte. Denn da die ganze Natur in innigem Zusammenhang steht und die Seele mit allem bekannt geworden ist, so hindert nichts, daß man, wenn man sich nur an eines wiedererinnert – was die Leute dann Lernen nennen – auch alles andere wieder auffindet, wenn man nur den Mut nicht verliert und die Mühe des Forschens nicht scheut. Denn das Suchen und Lernen ist eben durchweg Wiedererinnerung.* (*Men.* 81cd) Im *Menon* wird das eindrucksvoll demonstriert, indem Sokrates allein durch geschickte Fragen einem Sklaven zu geometrischen Einsichten verhilft. Die Wiedererinnerung überwindet die Unsicherheit der Meinung: *Denn [...] mit den wahren Meinungen hat es keine Not, solange sie ausharren, und ihre Wirkungen sind durchweg gut. Aber lange Zeit auszuharren, ist nicht ihre Sache, sondern sie entweichen aus der Seele des Menschen; sie haben also keinen rechten Wert, den sie erst dann bekommen, wenn man sie festbindet, durch denkende Erkenntnis des Grun-*

des. Das aber ist, Freund Menon, die Wiedererinnerung, worüber wir
früher übereingekommen sind. Wenn sie aber befestigt sind, so werden
aus ihnen erstens sichere Erkenntnisse und zweitens erhalten sie dadurch
die Kraft des Beharrens. Und darum ist denn das Wissen von höherem
Wert als die richtige Meinung und das befestigende Band ist es, was die
Wissenschaft von der wahren Meinung unterscheidet. (*Men.* 97 e – 98 a).

Die Anamnesislehre hat zwei Aspekte: Zum einen erklärt sie,
wie wir zu apriorischer Kenntnis gelangen. Zum anderen bezeugt
sie, dass es das unveränderliche Seiende überhaupt gibt, weil der
Mensch ja ganz offensichtlich allgemein gültige Einsichten in
sich zum Vorschein bringen kann.[75]

RHETORIK ODER PHILOSOPHIE?

Nichts hat die politische Auseinandersetzung des 5. Jahrhunderts
v. Chr. so stark geprägt wie das neue Medium Rhetorik. Mit der
Etablierung der Demokratie hatten sich die kommunikativen Bedingungen nachhaltig geändert, und binnen kürzester Zeit wurde
Athen eine Stadt, in der weniger die Realität entscheidend war,
sondern wie über diese Realität gespro-
chen wurde. Wer dies gut konnte, besaß
die Möglichkeit, allein kraft seiner Worte die maßgebliche Wirklichkeit zu gestalten. Die sophistischen Ansätze zur
Erkenntnistheorie hatten mit ihrer relativistischen Tendenz den
Verweis auf objektiv geltende Größen in Misskredit gebracht. Der
von den Sophisten geschätzte Agon das freie Austragen der Stand-
punkte, begann immer mehr zu ersetzen, was in der alten Adels-
gesellschaft noch als tradierte Verhaltensnorm unbezweifelte
Gültigkeit hatte. Wie frei hierbei verfahren werden konnte, lässt
sich aus vielen Beispielen der zeitgenössischen Redepraxis erse-
hen. Besonders illustrativ ist die Musterrede, die Gorgias zur Verteidigung von Helena verfasst hat. Helena war die Gemahlin des
Menelaos, folgte aber dem Trojaner Paris und wurde durch ihren
Ehebruch der Anlass für den Trojanischen Krieg. Der Mythos
kennt sie bald als tragisches Opfer, weit häufiger jedoch als skrupellose Ehebrecherin, die bestimmt von unkontrollierter Trieb-
haftigkeit unzählige Griechen in das Verderben vor Troja zieht.

> Das Wort, und nicht die Tat
> regiert die Welt.
> Odysseus im «Philoktet»
> des Sophokles

Was aber, wenn sie durch gekonnte Rhetorik zu ihrer Tat verleitet wurde? Die Rhetorik jedenfalls ist nach Gorgias so mächtig, dass ihre Wirkung Helena jede persönliche Verantwortung nehmen würde. Die sophistische Rhetorik hat zum ersten Mal ein Kommunikationsparadigma geschaffen, das konsequent die Wahrheit als Faktor der Entscheidungsfindung ausschied. Damit war eine Gegensätzlichkeit zwischen Wahrheit und Rede, zwischen Philosophie und Rhetorik neu etabliert, bei der im 5. Jahrhundert v. Chr. eindeutig die Rhetorik die Oberhand gewann. An dieser Weichenstellung entzündete sich Platons Kritik: Die autonome Herrschaft des Wortes schien ihm nicht akzeptabel. Waren die Sophisten auf den Agon fixiert und sahen sie es als den Gipfel der rhetorischen Kunst an, wenn man über jedes Thema gleich überzeugend pro und contra argumentieren, also gewissermaßen in der eigenen Person den Agon vorwegnehmen konnte, rückt er wieder die Frage nach der Wahrheit in den Blickpunkt des Interesses.

> Denn wenn alle von allem – von der Vergangenheit Erinnerung, über die Gegenwart Übersicht und von der Zukunft Voraussicht besäßen, dann spielte die Rede nicht die gleiche Rolle wie jetzt, wo es weder leicht ist, sich an das Vergangene zu erinnern, noch die Gegenwart zu durchschauen, noch die Zukunft zu erraten, so daß die meisten meist ihre Seele von ihrer Vorstellung beraten lassen.
>
> **Gorgias: Lob der Helena**

Wenn Platon die Rhetorik kritisiert, ging es um mehr als nur die bloße Fähigkeit, überzeugend oder manipulativ zu reden. Es ging darum, in welchem Verhältnis Wörter eigentlich zur Wahrheit stehen und wie das menschliche Leben durch diese Dominanz des sophistischen Rhetorikmodells beeinflusst wird. Eine dieser Auswirkungen war etwa, dass ein guter Redner allein wegen seiner technischen Redefähigkeit Macht erwerben konnte. Um dieses Verhältnis von Sprache und Macht kreist auch der Dialog, in dem Platon sich intensiv mit der Rhetorik auseinander setzt, der *Gorgias*. In seinen drei Rede-Agonen treffen jeweils sophistische Auffassungen von der Rhetorik auf die Kritik des Sokrates.

> Den Ernst der Gegner muß man durch Gelächter zunichte machen, ihr Gelächter durch Ernst.
>
> **Gorgias 82 B 12 DK**

Das Gespräch mit dem ersten Vertreter der Sophistik, Gor-

gias selbst, zeigt in aller Deutlichkeit, wie vage das Feld der Rhetorik
eigentlich umrissen ist. Gorgias, der sympathischer erscheint als
die beiden folgenden Sprecher Polos und Kallikles, reklamiert den
Status einer Kunst für die Rhetorik. Doch Sokrates bestreitet ihm
diesen Anspruch. Allenfalls eine Fertigkeit könne man sie nennen.
Denn ihre Überredung beruht allein auf Glauben, nicht auf wirklicher Belehrung.[76] Weil sie ohne Wissen von dem tatsächlichen
Wesen ihres jeweiligen Redegegenstandes ist, kann sie keine Rechenschaft von ihrem Tun geben und ist unfähig, die Menschen
besser zu machen. Auch das spezifische Feld, auf dem die Rhetorik
wirken soll, wird aus den Ausführungen des Gorgias nicht klar.

Ringerszenen. Aus einer
Preisamphora, Ende des
6. Jahrhunderts v. Chr.

Zum einen beschränkt er die Kompetenz der Rhetorik auf Fragen von Recht und Unrecht, zum anderen wird behauptet, jedes Thema könne vom Redner behandelt werden, und zwar überzeugender als von dem jeweiligen Experten[77]: *Wie erst, wenn du alles wüßtest, mein Sokrates, daß sie nämlich sozusagen alles, was die sämtlichen Künste leisten, in sich zusammenfaßt und in ihre Gewalt zu bringen weiß. Ein schlagender Beweis dafür liegt in folgendem: Oftmals nämlich habe ich mit meinem Bruder sowie mit anderen Ärzten einen Kranken besucht, der sich weigerte, eine Arznei zu trinken oder sich von dem Arzt schneiden oder brennen zu lassen, und wenn der Arzt ihn nicht zu überreden vermochte, gelang es mir, ihn zu überreden, durch keine andere Kunst als die der Rede. Ich behaupte ferner, daß wenn ein Redner und ein Arzt in eine Stadt, es sei welche du willst, kommt und es gilt, durch die Macht des Wortes in einer Volksversammlung oder in sonst irgendeiner Versammlung zu entscheiden, wer von beiden gewählt werden soll, der Arzt völlig unbeachtet bleibt, der Redegewandte dagegen gewählt wird, wenn er nur will. Und wenn der redekundige Mann gegen irgendeinen anderen Werkmeister im Wettbewerb aufträte, so würde er seine Wahl eher durchsetzen als irgendein anderer. Denn es gibt nichts, worüber der Redner nicht gewinnender zu sprechen vermöchte als irgendeiner aus der Zahl der Werkmeister – vor der großen Menge nämlich.* (Gorg. 456 a–c) Indem der Rhetorik eine solche Machtfülle zugeschrieben wird, die sie selbst über die Sachkenntnis der Experten erhebt, stellt sich eine weitere Frage mit großer Dringlichkeit: Wie verhalten sich Rhetorik und Moral zueinander, und wie lässt sich ein Missbrauch des rednerischen Könnens verhindern? Gorgias beeilt sich jedenfalls, diese dunklen Flecken von dem leuchtenden Bild fern zu halten, das er eben von der Redekunst entworfen hat: *Doch wäre es unrecht, mein Sokrates, von der Redekunst einen anderen Gebrauch zu machen als von jeder anderen Kampfkunst. Denn auch von der anderweitigen Kampfkunst darf man nicht Anwendung gegen jedermann machen. [...] Und wenn es vorkommt, daß ein Mensch, der nach Besuch der Ringschule sich körperlich kräftig entwickelt und sich zum Faustkämpfer ausgebildet hat, nun seinen Va-*

ter und seine Mutter schlägt oder einen anderen von seinen Verwandten oder Freunden, so wäre es wahrhaftig unrecht, deshalb die Turnlehrer oder die Fechtmeister mit Haß zu verfolgen und aus den Städten auszuweisen. Denn jene

Wenn aber jemand seine Stärke zu unrechten und ungesetzlichen Zwecken benutzt, so ist das das Schlimmste von allem, und es wäre besser, er besäße sie gar nicht.

Anonymus Iamblichi

Meister lehrten ihre Kunst unter Voraussetzung ihrer rechtmäßigen Verwendung gegen Feinde und Missetäter, zur Abwehr, nicht zum Angriff. (*Gorg.* 456 c – e)

Diese hymnische Begeisterung für die Redekunst kann Sokrates nicht teilen. Schon der angebliche Triumph über die Fachleute ist ihm suspekt: *Die Dinge selbst in ihrem eigentümlichen Verhalten braucht diese Kunst nicht zu kennen, wohl aber muß sie über ein wohl ausgeklügeltes Überredungsverfahren gebieten, das vor Nichtkennern den Schein erweckt, als wäre der Redner besser unterrichtet als die Kenner.* (*Gorg.* 459 bc) Auch die Versicherung des Gorgias, dass der Redeschüler keinen unmoralischen Gebrauch von seinem Können machen solle, ist unbefriedigend. Wie soll er eigentlich zu moralischen Vorstellungen gelangen? Hat Gorgias nicht zugleich die Ansicht vertreten, es gebe nichts, was unumstößlich gilt? Woher sollen sich jetzt Normen des Verhaltens und Sprechens herleiten? Dass gerade die Verständigung über moralische Fragen schwierig ist, wird im *Euthyphron* von Sokrates ausgesprochen: *Worüber nun müssen wir verschiedener Meinung sein und außerstande, zu einer Entscheidung zu kommen, wenn wir einander feind werden und uns erzürnen sollen? Vielleicht ist es dir nicht gegenwärtig; darum will ich es sa-*

gen, und du magst zusehen, ob es folgende Dinge sind: das Gerechte und das Ungerechte, das Schöne und das Häßliche, das Gute und das Böse. Sind das nicht die Gegenstände, bei denen Meinungsverschiedenheit und Unvermögen zu einer genügenden Entscheidung über sie zu kommen, dahin führen, daß wir einander feind werden, im Falle wir es werden, ich und du und alle anderen Menschen. (Euthyphr. 7 c – d) Das Verhältnis von Rhetorik und Moral hat Gorgias nicht befriedigend klären können. Und im Ganzen zeigt sich, dass seine Bestimmung der Rhetorik widerspruchsvoll und den tatsächlichen Problemen nicht angemessen ausfällt.

Mit der Figur des Kallikles wird im *Gorgias* der Bereich der Rhetorik im engeren Sinn verlassen und auf das Feld der Politik insgesamt übergeleitet. Kallikles bringt nämlich eine unverhohlene Apologie der Macht zum Ausdruck: *Meiner Ansicht nach sind es eben die sich schwach Fühlenden unter den Menschen und die große Masse, die die Gesetze geben. In ihrem eigenen Interesse und zu ihrem Nutzen geben sie die Gesetze und teilen Lob und Tadel aus. Um die kraftvolleren Menschen, die imstande sind sich Vorteile zu verschaffen, einzuschüchtern, und um selbst nicht ins Hintertreffen zu kommen, sagen sie, das Übervorteilen sei häßlich und ungerecht; und darin eben bestehe das Unrechttun, in dem Streben, die anderen zu übervorteilen. […] Die Natur selbst aber, denke ich, gibt deutlich zu erkennen, daß es gerecht ist, wenn der Bessere gegen den Schlechteren und der Fähigere gegen den Unfähigeren im Vorteil ist. Daß dem so ist, zeigt sich in mannigfacher Weise nicht nur bei den übrigen Geschöpfen sondern auch bei den Menschen in den Verhältnissen ganzer Staaten und Geschlechter: es gilt nämlich da als ausgemachtes Recht, daß der Stärkere über den Schwächeren herrsche und gegen ihn im Vorteil sei.* (Gorg. 483 b – d) Nebenbei bemerkt, Kallikles – der als historische Person für uns nicht fassbar ist – zeigt dieselbe Haltung, die für die athenische Politik im Peloponnesischen Krieg charakteristisch gewesen ist: Mit derselben Konsequenz, mit der er dem Starken jedes Recht zur Machtausübung zuschreibt, haben die Athener etwa bei der Unterwerfung der Melier gehandelt. Und wenn Sokrates seine Ansichten zurückweist und sie ihrer Unhaltbarkeit überführt, formuliert dieser Dialog eine verhüllte, aber umso deutlichere Stellungnahme Platons zur athenischen Machtpolitik.

Deshalb wendet sich Sokrates vehement gegen die Ansicht, Unrecht tun sei besser als Unrecht erleiden. Vielmehr sei es das Schlimmste, unrecht zu handeln[78] – schon allein deshalb, weil dies nach der sokratischen Gleichsetzung von Wissen und Handeln bedeuten würde, über das Gute nicht Bescheid zu wissen. Wer Unrecht begeht, erfährt den entscheidenden Nachteil nicht durch etwaige Sanktionen der Gemeinschaft, sondern durch eine unmittelbare Schädigung seiner Seele. Gerade diese Konsequenz droht auch dem, dessen Untaten unentdeckt und straflos bleiben. Notwendigerweise wird er dadurch noch schlechter, während bei dem, *der entdeckt und gestraft wird, das Tierische gedämpft und gemildert, das Edle aber frei gemacht wird, wodurch die ganze Seele in die beste, ihrer Natur entsprechende Verfassung gebracht wird* (*Pol.* 591 b). Für Kallikles ist das Leben ein Kampf jeder gegen jeden um die Macht. Selbstverständlich ist die Rhetorik in diesen Wettstreit eingespannt und wird in ihm als unabdingbares Mittel der Selbsterhaltung aufgefasst. Sokrates misst diesem Argument keine Bedeutung bei, und er weist die Ansicht des Kallikles denkbar radikal zurück: Nicht das Leben ist entscheidend, sondern das gute Leben. Die physische Existenz ist verzichtbarer als die moralische Integrität; im Zweifelsfall muss man den Tod gering schätzen: *Denn wer ein Mann ist, wie er sein soll, der muß sich lossagen von dem Wunsch, so lange als möglich zu leben, und darf nicht am Leben hängen; diese Sorge muß er der Gottheit überlassen und der Weiberweisheit vertrauen, daß dem Verhängnis niemand entrinnen kann, und des weiteren sein Augenmerk nur darauf richten, wie er die ihm noch bestimmte Zeit zu einem möglichst guten Leben gestalte [...].* (*Gorg.* 512 e) Kallikles wertet ganz anders: Nicht die Seele ist für ihn das Wesentliche am Menschen, sondern die auf den Körper bezogenen Begierden, und bei ihnen setzt die sophistische Rhetorik an. Sokrates hält ihm entgegen: *Auch von irgendeinem Weisen habe ich schon gehört, daß wir jetzt tot seien und daß unser Leib unser Grabmal sei und daß der Teil der Seele, in dem die Begierden ihren Sitz haben, der Überredung zugänglich sei und herüber und hinüber schwanke.* (*Gorg.* 493 a) Die Macht, die Kallikles dem erfolgreichen Redner und dem Tyrannen zuschreibt, ist für Sokrates eigentlich gar keine: denn die Herrschaft nach außen ist für die Seele nicht wichtig, sondern allein diejenige, die zur Selbstbeherrschung und zur Überwindung der Begierden führt.[79] Kallikles habe im Grunde keine Macht, sondern in seiner Verliebtheit in das athenische Volk sei er dem Willen der Masse verfallen und letztlich fremdbestimmt: *Nun bemerke ich bei dir immer wieder, daß du trotz deiner großen Begabung, was auch deine Lieblinge sagen mögen, und zu welcher Ansicht sie sich auch bekennen mögen, ihnen nicht widersprechen kannst, sondern dich hin und her windest. Wenn du nämlich in der Volksversammlung eine Ansicht vorträgst, die das Volk der Athener nicht billigt, dann schwenkst du um und redest ihnen nach dem Munde [...].* (*Gorg.* 481 de) Sokrates dagegen ist in die Philosophie verliebt[80], und eben daraus begründet sich seine Macht: Diese erweist sich nicht in äußerer Herrschaft, sondern vielmehr in der Erkenntnis des Richtigen, durch das Willen und Handeln zur Deckung gelangen können. Die in der Geistesgeschichte häufig wiederkehrende Alternative, ob die Philosophie oder die Rhetorik die entscheidende Bildungsmacht sei, wird hier zum ersten Mal in großer Dringlichkeit vorgeführt. Kallikles jedenfalls fordert Sokrates zur Aufgabe der Philosophie auf: *Mit der Wahrheit also verhält es sich so; das wird dir klar werden, wenn du der Philosophie nun endlich entsagst und dich wichtigeren Dingen zuwendest. Denn die Philosophie, mein Sokrates, hat in der Tat einen gewissen Reiz, wenn man sich in der Jugend maßvoll mit ihr befaßt. Wenn man aber länger als nötig sich mit ihr abgibt, so ist sie der Verderb der Menschen. Denn wenn einer auch bei noch so hoher Begabung das Studium der Philosophie noch lange im Leben weiter treibt, so ist die notwendige Folge, daß er unbekannt bleibt mit allem, was derjenige kennen muß, der ein Mann von Stellung und Ansehen werden will. Denn diese Leute bleiben unbekannt mit den im Staat geltenden Gesetzen sowie mit den Mitteln der Rede, deren man sich im privaten und öffentlichen Geschäftsverkehr mit den Menschen bedienen muß, ingleichen auch mit den menschlichen Freuden und Leidenschaften und überhaupt vollständig unbekannt mit der Sinnesart der Menschen.* (*Gorg.* 484 cd)

Wenig später wird er noch deutlicher, indem er diesen Gedanken existenziell zuspitzt und Sokrates warnt, dass er vor Gericht versagen würde. Unverkennbar weitet der Autor Platon in dieser Stelle den Blick auf den tatsächlichen Sokrates-Prozess: *Denn wenn jetzt einer dich oder irgendeinen anderen deinesgleichen festnähme und*

ins Gefängnis schleppte, indem er dich fälschlich eines Verbrechens be-
schuldigte, so wüßtest du dir nicht im mindesten zu helfen, sondern wür-
dest den Kopf verlieren und den Mund aufsperren, ohne etwas sagen zu
können, und vor die Richter gestellt und von einem rechten Erzschurken
angeklagt, würdest du nun zum Tode verurteilt werden, wenn er diesen
Antrag stellen wollte. Und das soll weise sein, mein Sokrates, wenn eine
Kunst den Mann nur schlechter macht, der wohlbegabt von ihr empfan-
gen ward, so daß er weder sich selbst zu helfen und sich aus den größten
Gefahren zu retten imstande ist, noch irgendeinen anderen, sondern
von seinen Feinden um sein ganzes Vermögen gebracht wird und völlig
entehrt im Staate lebt? (Gorg. 486 a – c) Es ist ja tatsächlich so gekommen, wie Kallikles hier ausführt: Sokrates wurde angeklagt,
und nicht zuletzt wegen seiner Missachtung der rhetorischen
Gepflogenheiten wurde er zum Tode verurteilt. Sokrates hat sich
über diesen Zusammenhang keine Illusionen gemacht, und diese
Selbsteinschätzung ist auch sonst in der Antike geteilt worden.
Cicero bezeugt in seinem Werk «Über den Redner» die Unschuld
des Sokrates und dass er allein wegen seiner Ahnungslosigkeit im
Reden verurteilt wurde.[81] Insofern hat Kallikles in gewisser Hinsicht Recht. Aber für Sokrates wäre der skrupellose Gebrauch
einer Rhetorik undenkbar gewesen, die mit Werten und Normen
argumentiert, aber die Gültigkeit des Guten als des entscheidenden Wertes nicht anerkennt. Wirkt Sokrates deshalb – wie Kallikles meint – lächerlich? Aber er reflektiert die Situation, in der er
sich befindet, sehr genau: Er weiß, wie bedrohlich seine Lage ist; er
weiß, welche Art von Verteidigung die Richter günstig stimmen
würde; er kennt schließlich die rhetorischen Mittel, die angebracht sind. Sein Verzicht auf diese Möglichkeiten ist bewusst, er
ist philosophisch und ethisch begründet.[82] Seine Einsicht in seine
Lage lässt eher einen anderen Eindruck entstehen: nicht Lächer-
lichkeit, sondern Erhabenheit. Nicht der äußere Erfolg entscheidet für Sokrates über die Berechtigung der Rhetorik, sondern die
radikale Frage, ob sie die Menschen sittlich bessert.[83] Es gebe nämlich zwei Arten von Rhetorik: *Denn wenn es hier auch eine Spaltung*
in zwei Richtungen gibt, so ist doch die eine Richtung Schmeichelei und
häßliche Volksrednerei, die andere allerdings etwas Schönes, das Streben
nach möglichster Besserung der Seelen der Mitbürger und das Einsetzen

der rednerischen Kraft für das Edelste, mag es nun angenehmer oder un-angenehmer für die Hörer sein. (Gorg. 503 a) Die gute Rhetorik leitet sich aus der Philosophie her, und sie dient der Gerechtigkeit: Der tüchtige Redner werde deshalb auf die Normen der Gerechtigkeit *seinen Blick [...] halten bei den Reden, mit denen er die Seelen bearbeitet, sowie bei allen seinen Handlungen und bei den Gaben, die er etwa zu ver-teilen hat, nicht minder auch bei den Lasten, die er auferlegen muß, im-mer darauf bedacht, daß in die Seelen seiner Mitbürger Gerechtigkeit ein-ziehe, Ungerechtigkeit aber daraus entweiche, und Besonnenheit ein-ziehe, Zügellosigkeit aber entweiche, und überhaupt die Tugend ihren Einzug halte, die Schlechtigkeit aber den Abschied erhalte.* (Gorg. 504de) Doch Sokrates räumt selbst ein, dass es einen Redner nicht gibt, der diesen Anspruch einlösen könnte.[84] Deshalb kann er von sei-ner Kritik keinen der athenischen Staatsleute ausnehmen, weder Kallikles selbst noch Perikles oder die früheren Politiker[85]: *Und es geht die Rede, sie hätten die Stadt groß gemacht, daß sie aber durch die Schuld jener alten Staatsmänner krankhaft aufgedunsen und vereitert ist, das merkt man nicht. Denn ohne Besonnenheit und Gerechtigkeit haben sie die Stadt mit Häfen und Schiffshäusern und Mauern und Tri-buten und dergleichen Tand ausgefüllt.* (Gorg. 518 e – 519 a) Versagt haben diese Politiker nicht auf dem Feld, das gemeinhin als das Ur-eigene der Politik bezeichnet wird, denn sie und Athen sind in die-ser Zeit durchaus erfolgreich gewesen. Doch haben sie die Anfor-derungen nicht erfüllt, die nach Platon eigentlich an die Politik ge-stellt werden müssen. Deshalb ist Sokrates der beste Politiker: *Ich glaube allein oder nur mit wenigen Athenern mich der wahren Staats-kunst zu befleißigen und allein unter den Lebenden dem Staate wahrhaft zu dienen. Da ich nun bei meinen vielfachen Unterhaltungen niemals jemandem nach dem Munde rede, sondern immer nur im Hinblick auf das wahre Beste und nicht auf das Angenehmste [...], so werde ich vor Gericht nicht wissen, was ich zu sagen habe.* (Gorg. 521de)

Der *Gorgias* endet mit einem grandios erzählten Mythos vom Totengericht, der ein Gegenbild zum Sokrates-Prozess darstellt. Rhetorik der sophistischen Art ist bei diesem Prozess ausgeschlos-sen, da der Richter nur auf die Seele schaut. Eine Vorbereitung auf seinen Richterspruch ist nur durch das ganze Leben möglich – während im irdischen Sokrates-Prozess eine einzige passende

Der Tod des Sokrates. Gemälde von Jacques Louis David, 1787

Rede das Blatt hätte wenden können: *Verzichtend also auf alle die Ehren der großen Masse will ich, der Erforschung der Wahrheit hingegeben, versuchen, nach Möglichkeit als ein wirklich braver Mann zu leben, und wenn es ans Sterben geht, zu sterben. Ich fordere aber auch alle anderen Menschen nach Kräften dazu auf, und so fordere ich denn nun auch dich [Kallikles] meinerseits zu diesem Leben und zu diesem Wettkampf auf, den ich höher achte als alle Wettkämpfe hienieden; und ich mache es dir zum Vorwurf, daß du nicht imstande sein wirst, dir selbst zu helfen, wenn das Gericht und das Urteil über dich ergeht, von dem ich soeben sprach, sondern wenn du vor den Richter kommst [...], und dieser dich packt und fortführt, daß du dann dort nicht weniger den Mund aufsperren und schwindlig werden wirst als ich hier.* (*Gorg.* 526 d – 527 a) Und Sokrates hält Kallikles die zu erwartende Strafe für die ungerechten Herrscher warnend vor Augen: *Wenn ich mich nicht täusche, sind auch die meisten dieser warnenden Beispiele aus Tyrannen und Königen und Machthabern und den politischen Leitern der Staaten hervorgegangen. Denn diese begehen wegen ihrer schrankenlosen Macht die schwersten und gottlosesten Freveltaten.* (*Gorg.* 525 d)

Im *Gorgias* werden schon viele Forderungen an die Politik und an den Menschen, der sie gestalten soll, deutlich; ihre Einlösung wird die *Politeia* bringen, die etliche Motive des *Gorgias* wieder aufnimmt, jedoch von einem tiefer ausgeführten philosophischen Fundament her neu durchdenkt.

DER PHILOSOPH ALS RHETORISCHER VERSAGER

In einem anderen Dialog, dem *Theaitetos*, führt Platon den Kontrast zwischen dem Rhetor und dem Philosophen weiter aus. Der Rhetor erscheint dort durch das verrinnende Wasser der Wasseruhr gehetzt, die seine Redezeit rücksichtslos begrenzt; immer blickt er besorgt auf das Verhalten der Menge, da der Erfolg der Rede nur eintritt, wenn er seine Zuhörerschaft für sich eingenommen hat. Der Philosoph dagegen kann seine Gedanken in völliger Muße und geistig unabhängig entwickeln, und die Meinungen der Menge müssen ihn nicht beunruhigen. Während er keinem Inter-

Tönerne Klepsydra (Wasseruhr) mit dem Namen der Phyle Antiochis aus dem Ende des 5. Jahrhunderts v. Chr. Die ca. sechseinhalb Liter, die dieses Gefäß fasste, liefen in sechs bis sieben Minuten ab und begrenzten dadurch die Redezeit.

esse außer dem der Erkenntnis verpflichtet ist, bewegt sich das Denken des Rhetors innerhalb der durch die menschliche Existenz vorgegebenen Grenzen. Da der Mensch endlich, schwach und bei der Erfüllung seiner Bedürfnisse nicht autonom ist, weiß der Rhetor, dass er permanent von Entscheidungen anderer abhängig ist und um seine Selbsterhaltung kämpfen muss. Weil er diese Grenzen seiner Existenz anerkennt, ist sein Reden immer in irgendeiner Form rhetorisch. Der Philosoph bemüht sich dagegen, diese Grenzen hinter sich zu lassen und Erkenntnis jenseits des alltäglichen Lebens zu erwerben. Der Rhetor entwickelt zwar eine *bedeutende Spannkraft des Willens und eine große Schärfe des Verstandes* (*Theait.* 173 a). Aber indem er sich von anderen Personen abhängig macht, verliert seine Seele jeden *Zug zum Großen, Geraden und Freien. Sie ist vielmehr gezwungen, krumme Wege zu wandern,* ja letztlich kann sie die Gefahren, in die sie gestellt ist, *nur mit Verletzung der Gerechtigkeit und Wahrheit* überstehen (*Theait.* 173 a). Ganz anderes können die Philosophen von sich behaupten: *Denn [...] wir [...] sind nicht die Sklaven der Reden, sondern die Reden sind sozusagen unsere Diener, deren jeder seiner Abfertigung harren muß, ganz wie es uns gut dünkt. Denn bei uns gibt es weder einen Richter noch einen Zuschauer, der, wie bei den Dichtern, als Tadler und Gebieter den Vorsitz führt.* (*Theait.* 173 c) Aufgrund dieser beiden gegensätzlichen Ausrichtungen wird der Philosoph in Situationen versagen, in denen der Rhetor brilliert. Er ist im wahrsten und besten Sinne weltfremd; mit den Angelegenheiten, um die sonst viel Gerede gemacht wird, beschäftigt er sich überhaupt nicht: *[...] in Wahrheit weilt und wandelt nur sein Leib in der Stadt, sein Geist aber, überzeugt von der Kleinlichkeit, ja völligen Nichtigkeit dieser Dinge und darum voller Verachtung gegen sie, schweift [...] überall umher, mißt die Tiefen der Erde und ihre Flächen, erforscht die Bahnen der Sterne oben am Himmelszelt und ergründet jegliche Beschaffenheit jeder Gattung des Seienden, ohne sich einzulassen auf das, was ihn unmittelbar umgibt.* (*Theait.* 173 e – 174 a) Dieses philosophische Wesen wird in ein illustratives Bild gefasst: *So wie's des Thales Beispiel zeigt [...]. Als er, die himmlischen Erscheinungen zu beobachten, nach oben blickte und darob in einen Brunnen fiel, soll eine kluge und witzige thrakische Magd ihn verspottet haben, daß er voll Eifers der Kenntnis der himmlischen Dinge nachtrachte, von dem aber, was vor der Nase und vor den Füßen liege, keine Ahnung habe.* (*Theait.* 174 a) Es ist im Grunde die personifizierte Rhetorik, die den Thales verlacht.[86] Ebenso muss sich jeder Philosoph im gewöhnlichen Leben lächerlich machen; ihm drohen Brunnenstürze und noch schlimmere Abgründe. Dies zeigt der Sokrates-Prozess, der die Kulisse dieses Dialogs bildet: Am Ende des Gesprächs geht Sokrates zu seinem Gerichtstermin. Doch welche Defizite weist der Rhetor auf, der selbstverständlich in diesen Situationen zur großen Form auflaufen wird? Nach Platon verzichtet er aufgrund seiner Lebensausrichtung auf weit Größeres, und dieser Verzicht ist folgenschwerer, als es jeder verlorene Prozess je sein könnte: denn er gibt es auf, seiner Seele den bestmöglichen Zustand zu verschaffen, indem er das dazugehörige Wissen erwirbt. Er versagt also in philosophischer Hinsicht. Und wie der *Gorgias* schon entfaltet hat, ist diese Wertung stimmig, solange der Satz gilt, dass es Schlimmeres gibt als den Tod des Körpers. Auf die eminent politische Bedeutung dieser Gegenüberstellung verweist unversehens der Gesprächspartner Theodoros: *Könntest du, mein Sokrates, alle von der Wahrheit deiner Rede so überzeugen wie mich, so würde es mehr Frieden und weniger Übel unter den Menschen geben.* Und Sokrates erwidert ihm: *Aber das Übel kann weder verschwinden, mein Theodoros, denn es muß immer etwas dem Guten Entgegengesetztes geben, noch kann es etwa bei den Göttern seine Unterkunft finden, sondern mit Notwendigkeit umkreist es die sterbliche Natur und unsere irdische Stätte. Daher gilt es auch zu versuchen, von hier so schnell wie möglich dorthin zu entfliehen. Die Flucht aber besteht in der möglichsten Verähnlichung mit Gott; ihm ähnlich werden heißt aber, gerecht und fromm werden auf dem Grunde richtiger Einsicht.* (*Theait.* 176ab) Umgekehrt werden die Rhetoren dem schlechteren und ungerechten Vorbild, dem sie nachgeeifert haben, ähnlich und verspielen so ihr Glück.[87]

PHILOSOPHISCHE RHETORIK

Bei aller Kritik am sophistischen Rhetorikkonzept ist Platon jedoch keineswegs der Kommunikation und dem Reden gegenüber negativ eingestellt. In einer zentralen Stelle des *Phaidon* wirbt Sokrates geradezu für die Liebe zu den Reden: *Denn es könnte uns [...]*

kein größeres Übel widerfahren als das, welches aus dem Haß gegen Reden entstammt. Es entsteht aber der Redenhaß aus der nämlichen Gemütsverfassung wie der Menschenhaß. Der Menschenhaß nämlich stellt sich allmählich ein infolge davon, daß man einem ohne erprobte Erfahrung zuviel Vertrauen schenkt und zu dem Glauben kommt, der Betreffende sei in jeder Beziehung wahrhaftig, gesund und vertrauenswürdig, während man ihn bald darauf nichtswürdig und unzuverlässig findet; und mit einem anderen ergeht es einem ebenso. Und wenn das einem oft begegnet und vor allem von solchen, die man für seine trautesten und besten Freunde hält, so haßt man schließlich bei sich häufenden Enttäuschungen alle Menschen und findet überhaupt an niemandem mehr etwas Gutes. (*Phaid.* 89de) In diesem Dialog wird sehr deutlich, dass für Platon das Wort, der Logos, ein Mittel der Erkenntnis und letztlich der Ideenschau ist[88], während der Logos für die Sophisten immer ein Mittel ist, sich im Agon, dem Wettstreit, zu behaupten. Ferner weiß Sokrates, dass der Logos größer ist als er selbst und er ihm folgen muss. Die Sophisten glauben dagegen, sich die Wörter jeweils ihren Absichten und Zwecken verfügbar machen zu können. Bei Platon hat die Rhetorik eine dienende, für die Wahrheit werbende Funktion. Als Autor setzt er die rhetorisch-werbende Funktion der Sprache gezielt ein, indem er mit seinen Mythen den Lesern die Wahrheit auf eine Weise präsentiert, die unmittelbar einleuchtet und – für erste Zwecke – eine streng wissenschaftliche Darlegung ersetzt. Die Mythen überreden durch ihre Nähe zur religiösen Sphäre zu einer Haltung, die die Philosophie fordert, auch ohne dass ein rationaler Beweis geliefert werden muss. Um jemandem deutlich zu machen, weshalb gerade die Philosophie und nicht die sophistische Rhetorik ihm einen Vorteil bringt, sind Beweise im strengen Sinn zunächst schlecht geeignet. Denn bevor jemand sich auf einen abstrakten Gedankengang einlassen wird, muss in ihm erst die Bereitschaft entwickelt werden, seine bisherige Ansicht zu überdenken. Hier beginnt das Feld der mythischen Rhetorik Platons. Sobald jedoch der Philosoph das Ziel der platonischen Philosophie, die Ideenschau, erreicht hat, gibt es keinen Platz mehr für die Rhetorik. Aber für den – langen – Weg dorthin ist Platon durchaus mit dem Einsatz von rhetorischen Mitteln einverstanden. So heißt es etwa in seinem Alterswerk, den *Nomoi: Soll der Gesetzgeber etwa bloß Gesetze geben? Bedarf er nicht vielmehr auch der Kraft der Überredung, um erläuternde Reden hinzuzufügen, durch die er die Menschen nach Kräften empfänglicher macht für das Gesetz?* (Nomoi 890c)

Es gibt also durchaus eine von Platon akzeptierte Form der Rhetorik, die jedoch stark von der üblichen unterschieden ist. Beinahe immer, wenn Sokrates eine längere Rede zu halten hat, betont er, dass er das auf andere Weise tun wird, als es sonst üblich ist.[89] Und paradoxerweise ist die unkonventionelle, scheinbar unbeholfene Sprache des Sokrates für seine Intention das beste Mittel: Ihm geht es ja nicht wie den übrigen Rednern um Ehre, Macht oder Einfluss, sondern darum, seine Zuhörer zur Philosophie zu verleiten. Als Alkibiades im angetrunkenen Zustand zu der Gesellschaft des *Symposions* stößt und in Wein- und Wahrheitsseligkeit spricht, stellt er dies heraus: *Denn wer des Sokrates Reden hören will, dem erscheinen sie zuerst wohl lächerlich; sie sind äußerlich in Worte und Ausdrücke gehüllt wie in das Fell eines übermütigen Satyrs. Denn von Lasteseln spricht er und von Schmie-*

Sokrates. Wandgemälde aus Ephesos, um 70 n. Chr., nach einem Vorbild um 180 v. Chr.

den und Schustern und Gerbern, und über denselben Gegenstand scheint er immer dasselbe zu sagen, so daß jeder Unkundige und Geistesarme über seine Reden lachen muß. Öffnet man aber den Verschluß und vertieft sich in das Innere, so wird man zunächst finden, daß es die einzig wirklich vernünftigen Lehren sind, sodann aber auch, dass sie die göttlichsten sind und die meisten Bilder der Tugend in sich bergen und das

Trunkene Gesellschaft, die nach einem Symposion durch die Straßen zieht. Schale des Brygos-Malers, um 490 v. Chr. Herrschte beim platonischen Symposion eine maßvoll-kultivierte Atmosphäre vor, zeichnete die griechischen Symposien in der Regel eine freizügige, mitunter derbe Ausgelassenheit aus.

weiteste Gebiet, ja alles umspannen, worauf derjenige sein Augenmerk richten muß, der ein trefflicher und tüchtiger Mensch werden will. (*Symp.* 221e–222a) Und deshalb habe weder Perikles noch ein anderer Redner eine solche Wirkung auf ihn gehabt wie Sokrates; vor ihm als Einzigem habe er Scham empfunden, und wegen dieser Wirkung habe er sein Wesen ändern wollen – allerdings sei er dann doch immer wieder *dem ehrenden Beifall der Menge gefolgt* (*Symp.* 215e–216b).

Welche Bedeutung der Rhetorik letztlich doch zukommt, wird gerade in diesem Dialog, der das Wesen des Eros zu ergründen sucht, deutlich, vor allem in der schon zitierten Lobrede des Alkibiades. Viel sagend beschreibt er die Wirkung des Sokrates auf sich: Er lasse ihn auf merkwürdige Weise einen Mangel an sich selbst spüren, der ihn bedränge, ja schmerze, ihn jedenfalls daran hindere, ohne dieses schmerzliche Bewusstsein weiterzuleben. Und gleichzeitig stellt Sokrates durch seine Rede eine «Abhilfe des Mangels und Erfüllung in Aussicht»[90]. Es ist deutlich: Die sokratischen Reden gleichen dem Wirken des Eros; sie machen den Menschen sehnsüchtig und ziehen ihn in einen ähnlichen Bann. Gleich der Beginn des *Symposion* hatte das erotische Wesen des Sokrates betont: Er behauptet von sich, dass sich seine ganze Weisheit um

Das Gastmahl des Plato. Gemälde von Anselm Feuerbach, 1869. Das platonische Symposion fand im Haus des Dichters Agathon statt, am Tag, nachdem ihm für seine neue Tragödie der Sieg im Dichteragon zugesprochen worden war.

Liebesdinge drehe.[91] Eros und die sokratische Rhetorik verführen ihren Adressaten, über sein bisheriges Leben hinauszustreben. Eros ist ein Verlangen, das voraussetzt, dass der Verlangende das noch nicht besitzt, wonach er strebt, dass er aus Mangel liebt. Eros mangelt es deshalb an Schönheit. Denn er strebt mit aller Kraft nach Schönheit, er kann aber das noch nicht besitzen, wonach er Sehnsucht hat.[92] Allerdings ist er auch nicht hässlich, sondern nimmt eine mittlere Position zwischen schön und hässlich ein, zwischen Gott und Mensch. Eros ist ein Dämon, ein Mittler zwischen den Welten. Und eben deshalb ist seine Funktion genuin rhetorisch. Dieser Status des Eros als mittleres Wesen und als Mittler zwischen zwei Sphären ist Platon so entscheidend gewesen, dass er zur Illustration Sokrates einen hinreißenden Mythos erzählen lässt: *Als Aphrodite zur Welt kam, hielten die Götter einen Schmaus und mit den anderen auch Poros [Erwerb, Reichtum], der Sohn der Metis*

[Klugheit]. Nach beendigter Mahlzeit kam Penia [Armut], eine Gabe zu erbitten – denn es ging hoch her – und weilte an der Tür. Poros nun, berauscht vom Nektar (denn Wein gab es noch nicht) begab sich in den Garten des Zeus und schlief schwer benebelt ein. Penia aber, getrieben durch ihre Dürftigkeit, sann darauf, sich listigerweise zu einem Kinde von Poros zu verhelfen, legte sich zu ihm und empfing den Eros. So ist es denn gekommen, daß der Eros auch der Aphrodite Begleiter und Diener ward, erzeugt am Tage ihrer Geburt, und zugleich von Natur ein Liebhaber des Schönen, da ja auch Aphrodite eine Schönheit ist. Als Sohn des Poros und der Penia ist ihm folgendes Los gefallen: erstens ist er immer arm, und weit gefehlt, daß er zart und schön wäre, wie die meisten wähnen, ist er vielmehr rauh und struppig, barfuß und obdachlos, zum Lager hat er nie etwas anderes als die bloße Erde ohne Decke, an den Türen und auf der Straße sucht er seine Ruhestätte unter freiem Himmel, die Natur der Mutter teilend, stets der Dürftigkeit gesellt. Vom Vater her ist er der listige Späher nach dem Schönen und Guten, tapfer, waghalsig und unermüdlich, ein gewaltiger Jäger, unerschöpflich im Ersinnen von Anschlägen, dabei beseelt von lebhaftestem Streben nach Erkenntnis der Wahrheit und nie verlegen um Auskunft, der Weisheit Freund sein lebelang […]. (Symp. 203 b–d) In der Erotik geht es um Überredung zur Liebe, aber Eros wird im *Symposion* auch als philosophisches Streben verstanden. Denn es heißt weiter über ihn: *Zwischen Weisheit und Unwissenheit hält er die Mitte. Damit nämlich verhält es sich folgendermaßen. Keiner der Götter ist Wahrheitsforscher oder strebt, weise zu werden; denn er ist es schon, wie denn überhaupt, wer weise ist, nicht philosophiert. Ebensowenig philosophieren anderseits die aller Einsicht Baren, noch begehren sie, weise zu werden.* (Symp. 203 e–204 a) Je genauer die Ausführungen zum Eros werden, umso deutlicher wird, «daß Eros seiner Natur nach ein Philosoph ist»[93] und dass nicht ein schöner Körper sein Ziel ist, sondern eine schöne Seele.

Sokrates und Diotima.
Wandbild der frühen römischen Kaiserzeit aus Boscoreale.
Sokrates behauptet, die Priesterin Diotima habe ihn in das
Wesen des Eros eingeweiht.

Eben dieses Thema der Verführung wird auch im *Phaidros*
durchgeführt. Zunächst ‹verführt› Phaidros Sokrates, indem er in
Aussicht stellt, ihm die neueste Rede des Lysias vorzutragen. Für
diese Aussicht ist Sokrates bereit, Athen zu verlassen und mit
Phaidros über Land bis nach Megara zu laufen: *Du aber, Sokrates,*
bist doch ein ganz wunderlicher Kauz. Denn genau, wie du sagst: einem
Fremden, der sich hier führen lassen muß, gleichst du, und nicht einem
Einheimischen. So wenig kommst du über die Grenzen des Stadtgebiets
hinaus; ja nicht einmal über die Mauer scheinst du mir überhaupt hin-

auszugehen. – Sokrates: Halte mir das zu gut, mein Bester. Ich bin eben lernbegierig. Die Örtlichkeiten nun und die Bäume wollen mich nicht lehren, dagegen die Menschen in der Stadt. Allein du hast, scheint es mir, das Mittel gefunden, um mich herauszukriegen. (*Phaidr.* 230 c – d) Doch die Verführungssituation kehrt sich um: Phaidros wird im Lauf dieses Dialogs aus einem naiven Verehrer des Lysias und einem Anhänger sophistischer Prunkrhetorik zur Philosophie geführt. Zunächst beeindruckt Sokrates durch seine rein rhetorischen Qualitäten, indem er in der Lage ist, die Rede des Lysias auch in formaler Hinsicht zu übertreffen. Dies verfehlt seine Wirkung auf Phaidros nicht, doch damit ist er noch nicht für die Philosophie selbst gewonnen. Dies lässt sich durch längere Reden nicht erreichen, sondern nur im Gespräch. Deshalb tritt im zweiten Teil des *Phaidros* an die Stelle der Rhetorik die Dialektik, durch die das Wahre allmählich herausgearbeitet wird. Während Phaidros zunächst meint, dass es für den Redner ausreiche, dasjenige zu wissen, was der Menge gerecht und richtig erscheint, zeigt ihm Sokrates, dass der Redner die Wahrheit von den Dingen wissen muss, über die er reden will.[94] Am Übergang von den Reden zur Unterredung macht Sokrates eine interessante Bemerkung zu den Zikaden, deren Zirpen sie fortwährend hören: *Und zugleich kommt es mir vor, als ob die Zikaden, die nach Gewohnheit in der Schwüle über unserem Kopfe zirpen und miteinander sich unterhalten, auf uns herabschauten. Sollten sie nun gewahr werden, daß auch wir beide, wie die Menge der Menschen, während des Mittags nicht miteinander sprechen, sondern einnicken und uns von ihnen bezaubern lassen wegen der Trägheit unseres Geistes, so würden sie uns mit Recht auslachen und denken, ein paar Knechte seien bei ihnen eingekehrt, die nun wie eine Schafherde ihre Mittagsruhe um die Quelle halten.* (*Phaidr.* 258 e – 259 a) Tatsächlich sind die Zikaden eine geschickt platzierte Metapher für die suggestive Kraft der Rhetorik, der die meisten Menschen in Selbstvergessenheit lauschen.[95] Im zweiten, dialektischen Teil zeigt sich, dass der Philosoph die Theorie der Rhetorik besser erfasst hat, als es den Rhetoren und Sophisten gelingt.[96] Aber die Kritik an der Rhetorik «läuft nicht auf die Ausgrenzung, sondern auf die Integration der Rhetorik in die Philosophie hinaus»[97]. Tatsächlich beabsichtigt Platon in diesem Dialog keineswegs, die Rhetorik insgesamt zu verwerfen oder zum Verzicht auf rhetorisches Sprechen aufzurufen. Allerdings wird der Gegensatz zwischen sophistischer Rhetorik und Philosophie scharf herausgearbeitet. Das Rhetorik-Modell des *Phaidros* zeichnet sich durch eine Rückbindung an die philosophisch ermittelte Wahrheit aus, sie ist also nicht in dem Sinn Selbstzweck, wie es die sophistische Rhetorik gewesen ist, die sich leichtfertig als Vollendung und Letztes gesehen hat. Phaidros ist am Beginn des Dialogs in naiver Weise von der Rhetorik und der Literatur eines Lysias begeistert, und der Dialog führt vor, wie ihm das Ungenügen dieser konventionellen Literatur zunehmend bewusst wird. Sokrates lässt ihn schrittweise erfahren, dass die schnelle Zufriedenheit mit sophistischer Prunkrhetorik nichts wiegt gegen die Bemühung um echte Wahrheit, die auch den längeren und mühevolleren Umweg nicht scheut.[98] Das Hinaufführen, das Bewusstmachen, dass echte Lösungen nur bei den Ur-Prinzipien der Dinge zu finden sind, ist die eigentliche Leistung des Philosophen, und diese ist mit dem Geist der Rhetorik nicht vereinbar. Der *Phaidros* möchte also zum richtigen Umgang mit sprachlichen Äußerungen anleiten. Ihr letztes Beurteilungskriterium muss immer die Philosophie sein, die die Erkenntnis der Ideen anstrebt. Die rednerische Kunst ist für Sokrates eine Seelenleitung durch Reden; diese setzt das persönliche Gespräch voraus und kann ohne Philosophie nicht gelingen.[99]

Platons Sorge für den Staat

Seit den frühesten Dialogen ist bei Platon eine deutliche Reserve gegenüber der moralischen Verfassung seiner Landsleute spürbar, ja mitunter wird unverhohlen deutlich, dass er die ethischen und politischen Zustände seiner Zeit für grundverdorben hielt. Aus diesem Ungenügen heraus wird bei Platon immer wieder darüber diskutiert, ob ein solides Wissen gefunden werden kann, das zur dauerhaften Besserung der Athener beiträgt; ob man vielleicht sogar moralische Qualitäten lehren und durch Erziehung eine gerechte Ordnung allmählich etablieren kann. Der Dialog *Menon*, der sich dieser Frage annimmt, kommt jedoch zu einem negativen Ergebnis: *Wenn wir aber jetzt in unserer Untersuchung durchweg richtig verfahren sind und die Wahrheit gesagt haben, dann dürfte die Tugend wohl weder ein Naturgeschenk noch lehrbar sein, vielmehr durch göttliche Schickung denen innewohnen, die ihrer teilhaftig sind, es müßte denn einen Staatsmann geben, der fähig wäre, auch einen anderen dazu zu machen.* (*Men.* 99 e – 100 a) Interessant ist das Argument, das die Nicht-Lehrbarkeit der Tugend begründet: Wäre die Tugend lehrbar, müsste ein Staatsmann seine Tugend an einen anderen weitergeben können. Eben dies ist jedoch nach der Meinung Platons noch nie der Fall gewesen, und deshalb wird hier wie auch im *Gorgias* über alle athenischen Politiker ausnahmslos das Verdikt gesprochen, dass sie zur sittlichen Besserung ihrer Bürger nichts beigetragen hätten.

Bei der Behebung des von ihm konstatierten schlechten Zustands setzt Platon weit vor dem Bereich an, den wir den eigentlich politischen nennen würden, und bietet radikale, an die Wurzel gehende Lösungen an. Letztlich ist für Platon die von ihm konstatierte Krise kein soziales Phänomen, sondern Ausdruck einer psychischen Verwahrlosung. Und diese seelische Depravation resultiert aus einer beinahe unreglementierten Vorherrschaft des untersten, des begehrlichen Seelenteils. Da die Machtpolitik der jüngsten Politikergeneration eben diesen Schaden verursacht hatte, konnte es für Platon nur eine paradoxe Schlussfolgerung geben: Die notwendige neue Politik muss auf die Heilung der Athener von dem Übel der Politik insgesamt abzielen.[100] Das Feld politischen Handelns ist für Platon nicht die Innen- und die Außenpolitik, sondern die Seelen der Menschen; der Staatsmann ist nicht der Lenker eines Staatswesens, sondern der Erzieher der in ihm lebenden Bürger. Staatliche Organisation und Erziehung der menschlichen Seele sind letztlich dasselbe. Die Diskrepanz zwischen seiner und der konventionellen Ansicht nimmt Platon bewusst in Kauf, ja er betont ausdrücklich, dass er mit den gängigen Moralanschauungen seiner Zeit bricht.

> Die Pflichten für die Staatsgemeinde soll man unter allen für die größten halten, auf daß sie gut verwaltet werde; dabei darf man weder streitsüchtig gegen die Billigkeit handeln noch sich selbst wider das allgemeine Beste eine Gewalt anmaßen. Denn ein wohlverwaltetes Gemeinwesen ist die größte Stütze, und hierin ist alles enthalten.
>
> Demokrit 68 B 252 DK

Wie wenig das Denken Platons an den ‹harten› Realitäten der Politik orientiert ist, wird an der folgenden Aussage der Gesetzgeber der *Nomoi* deutlich: *Der Hauptpunkt aber, über den wir einverstanden waren, war folgender: ein tüchtiger Mann zu werden, ein Mann also, welcher der dem Menschen ziemenden Seelentugend teilhaftig geworden ist durch eine bestimmte Lebensführung oder durch eine gewisse Gemütsart oder durch Übung oder durch Herzenstrieb oder durch richtiges Urteil oder auch vielleicht durch wissenschaftliche Belehrung, das muß das eifrigste Bemühen eines jeden Mitgliedes des Gemeinwesens sein Lebelang sein, gleichviel ob männlich oder weiblich, ob jung oder alt. Und was dem etwa im Wege steht, dem darf niemand, wer er auch sei, höheren Wert beilegen; und wenn er im äußersten Fall sich in die Lage gebracht sehen sollte, aus seinem Staate verbannt zu werden oder ihn (aus eigenem Entschluß) lieber zuvor als Flüchtling zu verlassen, als ihn unter das Sklavenjoch elender Gewalthaber gebeugt zu sehen, so wird er, fest überzeugt von der Notwendigkeit solcher Handlungsweise, dies alles lieber über sich ergehen lassen, als sich einer Staatsordnung fügen, die darauf angelegt ist, die Menschen sittlich herunterzubringen.* (*Nomoi* 770 c – e) Ein Verfassungswechsel, der die Menschen sittlich schlechter machen könnte, ist also um jeden Preis, auch den des Verlustes der Polis, zu vermeiden. In dieser Zuspitzung tritt ein wichtiger Charakterzug des platonischen Staatsdenkens unübersehbar hervor: Platon gibt letztlich keine Anweisung, wie sich die reale Politik in konkreten Situationen gestalten ließe, sondern er denkt den Aufbau des Staates von einer idealen Grundlage aus.[101] Aber ist es nicht allzu weltfremd, wenn der platonische Staat auf die Sicherung des politischen Überlebens im Zweifelsfall verzichten soll? Für Platon hat sich dies so nicht dargestellt. Im zweiten Buch seiner *Politeia* zeichnet er das Bild zweier Staaten. Während der eine aufgrund seiner maßvollen Einrichtung von der Notwendigkeit, irgendwelche Politik zu betreiben, frei ist und autark für sich existieren kann, ist der zweite Staat ‹aufgebläht› und allein wegen seines unnötigen Bedürfnisses nach luxuriöser Lebensführung gezwungen, politisch tätig zu werden. Politik ist deshalb nach diesem Bild keine Begünstigung durch geschichtliche Entwicklung, etwa durch einen besonderen Besitz von Macht, sondern vielmehr die Folge sittlicher Minderwertigkeit.[102] Der Staat Platons ist deshalb nicht wie für Aristoteles Selbstzweck, sondern er ist um einer spezifischen Funktion willen konstruiert: Er dient als Erziehungs- und Besserungsanstalt seiner Bürger unter der Anleitung der Philosophen bzw. der Gesetze. In der *Politeia* führen die Dialogteilnehmer die Besonderheiten eines solchen Staates aus. Bezeichnenderweise geht das Gespräch nicht von dieser im engeren Sinn politischen Frage aus, sondern von dem moralischen Problem, wie sich die Gerechtigkeit bestimmen ließe. Thrasymachos, ein Geistesverwandter des Kallikles, hatte sich vehement für das Recht des Stärkeren eingesetzt, und Sokrates hatte mit einer ähnlichen Argumentation wie im *Gorgias* auf die Un-

> Thrasymachos war fähig, wie er sagte, eine Masse in Leidenschaft zu bringen und die leidenschaftlich Erregten wieder durch Besprechung zu besänftigen.
> Platon: Phaidros 267 c

haltbarkeit dieser Position aufmerksam gemacht: Schon dann, wenn es nicht mehr um den Machterwerb, sondern um den Machterhalt geht, zeige sich, dass selbst der skrupelloseste Staat auf die Gerechtigkeit angewiesen ist. Denn auch Räuberbanden können nur dann in den Genuss ihrer Beute kommen, wenn sie nicht gegen sich selbst Unrecht verübten.[103] Doch das Problem verlangt eine tiefere Erörterung, denn es ist unabweisbar, dass die meisten Menschen nur gezwungenermaßen gerecht sind.[104] Und oft erleiden gerade die Gerechten die schlimmsten Schicksale[105], sodass es das Vorteilhafteste ist, nur gerecht zu scheinen, in Wahrheit aber ungerecht zu sein.[106] Diese utilitaristische Auffassung konnte sich jedoch nur durchsetzen, weil die Frage der Gerechtigkeit bislang immer in einer falschen Perspektive gesehen wurde: *[...] von den allerfrühesten Heroen an, von denen noch Kunde geblieben ist, bis zu den jetzigen Menschen hat kein einziger jemals die Ungerechtigkeit anders getadelt oder die Gerechtigkeit anders gelobt als im Hinblick auf Ruf, Ehre und Geschenke, die sie uns bringen. Jede von beiden an sich aber in ihrer eigenartigen Kraft, mit der sie im Innersten der Seele wohnt und sich vor Göttern und Menschen verborgen hält, hat noch niemals jemand weder in Versen noch in gewöhnlicher Rede hinreichend geschildert, nämlich die eine als das größte aller Übel, die der Seele anhaften, die Gerechtigkeit aber als das größte Gut.* (*Pol.* 366 e) Letztlich dient das ganze Gespräch der *Politeia* der Bestätigung des Satzes, dass die Gerechtigkeit für den Einzelnen ebenso wie für den Staat das höchste Glück bedeutet. Man spricht in der Hoffnung über den Staat und nicht über den Einzelnen, dass ein derart schwer zu fassender Begriff wie der der Gerechtigkeit in einem größeren Gebilde vielleicht leichter erkennbar hervortritt als in einem einzelnen Menschen.[107] Ist der Staat, der im Folgenden schrittweise entworfen wird, überhaupt ernst gemeint oder dient er nur als Illustrationsobjekt? Eine solche Frage ist wohl dem platonischen Denken nicht angemessen. Es sind die gleichen Kriterien, die den Staat und den Einzelnen als gerecht ausweisen. Platon meint die Analogie ernst, und insofern haben seine Aussagen zur politischen Ordnung dieselbe Gültigkeit wie die zur Verfassung des Einzelnen.

> Gerechtigkeit besteht darin, die gesetzlichen Vorschriften des Staates, in dem man Bürger ist, nicht zu übertreten. Es wird also ein Mensch für sich am meisten Nutzen bei der Anwendung der Gerechtigkeit haben, wenn er vor Zeugen die Gesetze hoch hält, allein und ohne Zeugen dagegen die Gebote der Natur; denn die der Gesetze sind willkürlich, die der Natur dagegen notwendig; und die der Gesetze sind vereinbart, nicht gewachsen, die der Natur dagegen gewachsen, nicht vereinbart.
>
> Antiphon, der Sophist 87 B 44 DK

DIE PHILOSOPHENHERRSCHAFT

Die Gesprächsteilnehmer der *Politeia* lassen also gedanklich einen Staat entstehen, der wegen der mangelnden Autarkie des Einzelnen gegründet wird und wegen notwendiger Arbeitsteilung bis zu einer bestimmten Größe wachsen soll. Die Ausdehnung muss dann beendet sein, sobald die Einheit gefährdet wird.[108] Analog zu seiner Lehre der drei Seelenteile gibt es in diesem Staat drei Stände: Dem vernünftigen Seelenteil entsprechen die Philosophen, denen die Herrschaft übertragen ist; die Wächter nehmen die Aufgabe des zornmütigen Seelenteils wahr und beaufsichtigen die Menschen, während der Stand der Erwerbstätigen dem begehrlichen Seelenteil entspricht. An der Philosophenherrschaft hängt die Existenz dieses gesamten Gedankengebildes, und nicht zufällig steht der berühmte Satz, der diese Forderung erhebt, in der Mitte des gesamten Werkes: *Wenn nicht entweder die Philosophen Könige werden in den Staaten, oder die jetzt sogenannten Könige und Gewalthaber sich aufrichtig und gründlich mit Philosophie befassen, und dies beides in eins zusammenfällt, politische Macht und Philosophie, unter denen aber, die jetzt getrennt voneinander je eines der beiden Ziele verfolgen, diejenigen, die ihrer Natur nach bloße Politiker sind, zu völligem Verzicht gezwungen werden, gibt es [...] kein Ende des Unheils für die Staaten, ja, wenn ich recht sehe, auch nicht für das Menschengeschlecht überhaupt [...]* (*Pol.* 473cd) Das Bewusstsein, dass diese Forderung eine Ungeheuerlichkeit, eine Zumutung an das gängige Politikverständnis bedeutet, fehlt den Dialogteilnehmern keineswegs. Doch was erhofft sich Platon von der Herrschaft durch Philosophen? Wer nicht gründlich mit der Philosophie vertraut ist, kann immer nur individuelle Einzeldinge, niemals jedoch die zugrunde liegenden Ideen wahrnehmen; er kennt *nur vielerlei Gerechtes, das Gerechte selbst aber nicht* und hat deshalb nur eine Meinung, jedoch kein festes Wissen (*Pol.* 479e). *Da nämlich Philosophen diejenigen sind, die das immer sich völlig Gleichbleibende zu erfassen vermögen, während die, welche das nicht können, sondern nur in der Region des Vielen und Allgestaltigen herumschweifen, mit Philosophie nichts gemein haben, welche sollen dann die Führer des Staates sein?* (*Pol.* 484b) Dem Einwand, dass die Philosophie nach der Auffassung vieler Zeitgenossen zumeist ihren Anhängern die Lebenstüchtigkeit raube[109], entgegnet Sokrates durch den Hinweis, dass der Begriff des Philosophen zunächst korrekt bestimmt werden müsse. Keinesfalls dürfe unter Philosophie das verstanden werden, was die Sophisten treiben. Diese würden nur die Vorurteile der großen Menge bedienen, dabei jedoch von ihr wie von einer gewaltigen Bestie beherrscht werden.[110] Notwendigerweise gelangen sie dadurch zu falschen Begriffen, da ihnen für gut nur das gilt, was der Menge vergnüglich ist, für schlecht das, was ihr lästig ist. Und deshalb stellt Sokrates unmissverständlich klar: *Philosophie also ist für die große Masse ein Ding der Unmöglichkeit.* (*Pol.* 494 a) Wichtigstes Ziel des Staates ist es, dass die ganze Stadt glücklich sei und nicht nur ein Stand.[111] Reichtum und Armut müssen vermieden werden, da sie beide soziale Spannungen hervorrufen.[112]

Die Erziehung wird ausführlich und genau geregelt. Die Dichtung unterliegt den schon erwähnten strengen Richtlinien. Wichtig für die Bildung ist vor allem die Gymnastik und die Musik. Streng sind die Vorschriften, denen die Wächter genügen müssen: *Erstens darf keiner irgendwie eigenes Vermögen besitzen, außer dem allernotwendigsten, sodann darf keiner eine Wohnung oder Vorratskammer von der Art haben, dass nicht jeder, der will, Zutritt dazu hätte. Ihren Unterhalt aber, soviel dessen besonnene und tapfere Krieger nötig haben, müssen sie nach billiger Schätzung von den übrigen Bürgern erhalten als Lohn für ihr Hüteramt in einer Abmessung, die für den jährlichen Bedarf gerade ausreicht, weder zu viel noch zu wenig; zu gemeinsamen Mahlzeiten*

Musikunterricht. Attische Hydra des Malers Phintias, um 510 v. Chr.

Frau vor einer Truhe. Terrakottarelief aus einem
Votivdepot in Lokroi Epizephyrioi bei Tarent, Italien,
um 460 v. Chr. Der griechischen Frau war der öffentliche Lebensbereich so gut wie verschlossen; ihr
Leben war auf die Verwaltung des Hauses festgelegt.

sich zusammenfindend müssen sie wie auf Feldzügen gemeinsam leben;
was aber Gold und Silber anlangt, so muß man ihnen sagen, daß sie es
von den Göttern als göttliches Gold immer in ihrer Seele haben und keines
menschlichen außerdem bedürfen; auch sei es sündhaft, den Besitz von jenem durch Vermischung mit dem Besitz des sterblichen Goldes zu befle-
cken, weil mit der gemeinen Münze viel Unheiliges verübt worden sei, ihr
Gold aber frei von jedem Flecken bleibe; vielmehr soll ihnen allein in der
Stadt nicht erlaubt sein, Gold und Silber bei sich zu führen oder es zu be-
rühren oder unter einem Dach mit ihm zu weilen oder sich damit zu schmü-

cken oder daraus zu trinken. Und damit dürfte ihre dauernde Erhaltung ebenso wie die der Stadt durch sie gesichert sein. (*Pol.* 416 d – 417 a)

Im Einzelnen befremden die Maßnahmen, die die Philosophenherrscher in ihrem Idealstaat ergreifen sollen. Die Ehe wird aufgehoben, die Frauen und die Kinder sind Gemeingut.[113] Zwar werden die an Leib und Seele von Natur Wohlgestalteten sorgfältig gefördert: *Wer jedoch körperlich untüchtig ist, den soll man sterben lassen* (*Pol.* 410 a). Es soll auch eine – von den Herrschern überwachte – Eugenik betrieben werden: *Es müssen doch zufolge des Eingeräumten die besten Männer so häufig wie möglich den besten Frauen beiwohnen, die schlechtesten dagegen den schlechtesten so selten wie möglich. Und die Kinder der ersteren müssen aufgezogen werden, die der anderen nicht, sofern die Herde auf voller Höhe bleiben soll. Und von allen diesen Maßnahmen darf niemand etwas wissen außer die Herrscher selbst, wenn die Herde der Wächter ihrerseits so viel als möglich vor Zwietracht bewahrt werden soll.* (*Pol.* 459de) Platon sieht also den Mord an nicht erwünschten, weil seinen Ansprüchen nicht genügenden Kindern vor.[114] Zur Durchsetzung dieser Maßnahmen wird ausdrücklich die Anwendung von *mancherlei Trug und Täuschung […] zum Heile der Beherrschten erlaubt* (*Pol.* 459cd). Karl Jaspers urteilt hierzu knapp: «In allen diesen Möglichkeiten verleugnet Plato, was schon im Altertum Philanthropia und Humanitas hieß.»[115]

Revolutionär war Platon jedoch, indem er eine strikte Gleichberechtigung von Mann und Frau vertreten hat. Der geringeren physischen Kraft der Frauen soll zwar Rechnung getragen werden, ansonsten stehen ihnen aber die gleichen Betätigungen offen. Ihnen wird dieselbe Erziehung zugedacht, die auch die Vorbereitung auf den Kriegsdienst einschließt.[116] Sie haben sogar Zugang zu den höchsten Ämtern: Im platonischen Staat kann es deshalb auch weibliche Philosophenherrscher geben.[117] Denn, so argumentiert Platon, nur wenn Frauen ohne Einschränkung mitwirken können, entfaltet der Staat seine maximale Leistungsfähigkeit.[118] Das Verhältnis von Herrschern und Beherrschten zeigt eine Machtverteilung, wie sie eindeutiger nicht sein kann, und scheint nur Herren und Sklaven zu kennen. Die Wächter besitzen das Gewaltmonopol, trotzdem werden sie durch keine öffentliche Instanz kontrolliert. Andererseits wird die Macht keineswegs willkürlich ausgeübt, denn die Wächter haben durch ihren philosophischen Werdegang die Idee des Guten erkannt und als Norm verinnerlicht.[119] Platon hält es für ausgeschlossen, dass sich die breitere Bevölkerung dieses Wissen aneignen könnte. Im *Politikos* klärt Sokrates einen Fremdling hierüber auf: *Ist es aber möglich, daß in einem Staate von tausend Männern etwa hundert oder auch nur fünfzig dieses in zulänglichem Maße erwerben? – Sokrates d. J.: Dann wäre allerdings keine Kunst leichter als diese. Denn darüber sind wir doch einig, daß sich unter tausend Männern wohl nimmermehr so viele verhältnismäßig – ich meine im Vergleich zu denen bei den übrigen Griechen – vollendete Brettspieler fänden, geschweige denn gar Könige. Denn nur den darf man, gleichviel ob er wirklich herrscht oder nicht, [...] einen königlichen Herrscher nennen, der im Besitze der königlichen Wissenschaft ist. – Fremdling: Eine wohl angebrachte Erinnerung. Demzufolge muß man sich, denke ich, die richtige Herrschaft auf einen oder zwei oder auf ganz wenige beschränkt denken, wenn sie sich eben als richtige erweisen soll.* (*Polit.* 292 e – 293 a) Innerhalb des platonischen Systems ist ein Machtmissbrauch der Mächtigen deshalb nicht zu befürchten: Wer das Gute erkannt hat, handelt mit Notwendigkeit auch nach dieser Erkenntnis, ohne dass er irgendwelchen Versuchungen der Macht erliegen könnte. Deshalb heißen im platonischen Staat die Herrscher *Schützer und Helfer* (*Pol.* 463 b). An sie werden hohe moralische Anforderungen gestellt: Ihre Begierden stehen völlig hinter dem Studium der Wissenschaften und der Sorge um die Seele zurück[120]; den Tod halten sie nicht für schrecklich.[121] Dazu treten herausragende intellektuelle Fähigkeiten.[122]

Die Lage der Beherrschten ist deshalb nicht unbedingt aus dem Grund prekär, weil sie ohnmächtig den Verfügungen der Herrscher gegenüberstehen, sondern weit mehr, weil sie kaum Einsichten in die geistigen Hintergründe der Staatslenkung erhalten. Für die Bürger des Platon-Staates ist es letztlich nicht möglich, aus eigenem Wissen zu entscheiden, ob sie eigentlich in einer Tyrannen- oder in einer Philosophenherrschaft leben. Es ist immer wieder deutlich, dass Platon sich für die Beherrschten weniger interessiert als für die Herrscher. Seine Konzeption ist aus dem Blickwinkel der Mächtigen und Wissenden entworfen. Trotzdem ist die Anlage der platonischen Staatskonzeption nicht totalitär, und tatsächlich besteht zwischen den Wächtern Platons und einem Tyrannen nur hinsichtlich der Machtfülle Gemeinsamkeit. Die Tyrannis brandmarkt Platon als die schlechteste Staatsform – und zwar gerade deshalb, weil beim Tyrann der begehrliche Seelenteil die Oberhand hat.[125] Sein Charakterbild zeichnet er besonders eindrucksvoll – vielleicht wegen der leidvollen Sizilienerfahrung. Die europäische Topik des Gewaltherrschers ist stark von dieser Darstellung beeinflusst: *Wenn dieser erst einmal von seinem Trieb, eine Schreckensherrschaft zu errichten, ergriffen ist, wird er vor keinem entsetzlichen Mord, vor keiner sündlichen Speise oder Tat mehr zurückschrecken, sondern der Eros, der als tyrannischer Gebieter in voller Ungebundenheit und Gesetzlosigkeit in ihm waltet, wird den, der, wie ein Staat seinen Herrscher, ihn in sich hat, jedem Wagnis zuführen, das ihm und dem ihn umgebenden lärmenden Schwarme Unterhalt verschafft (Pol.*

> Aber auch die Tyrannis, dies ungeheure und fürchterliche Übel, entwickelt sich dann aus keinem anderen Grunde, als aus gesetzlosen Zuständen. [...] Denn wie könnte auf anderem Wege die Alleinherrschaft auf einen einzigen Menschen übergehen als dadurch, daß das Gesetz hinausgejagt ist, das zum Heile der Volksgemeinschaft herrschte?
>
> Anonymus Iamblichi

574 e – 575 a). Dabei ist er trotz seiner äußeren Macht ein durch und durch unglücklicher Mensch. *Denn er ist der ärgste Sklave, gar nicht zu überbieten in Liebedienerei und Bedientenhaftigkeit, ein Schmeichler der größten Schurken; und es ist augenscheinlich, daß er mit der Befriedigung seiner Begierden nicht im entferntesten fertig wird, sondern in bezug auf die meisten voll heißen Verlangens bleibt und in Wahrheit sich als arm erweist, wenn man seine Seele ganz zu durchschauen weiß; und sein ganzes Leben lang wird er Angst, Krampf und Schmerz nicht los [...]. (Pol.* 579 de) Wenn jedoch die Untertanen von einem Philosophenherrscher regiert werden, stehen sie wie der begehrliche und zornmütige Seelenteil unter der Leitung des vernünftigen. Der Untertan wird also nicht zu seinem eigenen Schaden beherrscht, sondern es ist für ihn das Beste, *sich vom Göttlichen und Vernünftigen beherrschen zu lassen, am liebsten so, daß es seiner Seele als eigener Besitz angehört, wo nicht, dann so, daß es von außen her als sein Gebieter auftritt (Pol.* 590 d).

Die Tyrannenmörder Harmodios und Aristogeiton.
Marmorkopie aus hadrianischer Zeit nach einem
griechischen Bronzeoriginal von Kritios und Nesio-
tes, 477 v. Chr. Es wurde zu dieser Zeit in Athen
aufgestellt.

Der platonische Staat unterscheidet sich ferner erheblich von
anderen Staaten, weil es in ihm keine Notwendigkeit gibt, in der
Öffentlichkeit Entscheidungen zu beraten und zu treffen. Die Rhetorik als die Kunst, die der Politik vorgeschaltet ist, liegt brach,
weil es keine Berechtigung gibt, eine irgendwie geartete Agona-
lität der Ansichten oder der Interessen auszutragen. Der platonische Begriff des Wissens schließt dies aus.[124] Selbst die Gesetze
lässt Platon in seinem ersten Staatsentwurf als kontrollierende In-
stanzen nicht zu.[125] Da die Wächter durch die höchste Form des

Wissens ausgewiesen sind, sind die Gesetze auch überflüssig, wenn sie nicht sogar die Herrscher bei ihrer Herrschaftsausübung behindern.

DAS HÖHLENGLEICHNIS

Welche Konsequenzen sich daraus ergeben, dass die Herrscher allein durch eine besondere Art des Wissens ausgewiesen und legitimiert sind, hat Platon in seinem berühmten Höhlengleichnis verdeutlicht: *Stelle dir Menschen vor in einer unterirdischen Wohnstätte mit lang nach aufwärts gestrecktem Eingang, entsprechend der Ausdehnung der Höhle; von Kind auf sind sie in dieser Höhle festgebannt mit Fesseln an Schenkeln und Hals; sie bleiben also immer an der nämlichen Stelle und sehen nur geradeaus vor sich hin, durch die Fesseln gehindert, ihren Kopf herumzubewegen; von oben her aber aus der Ferne von rückwärts leuchtet ihnen ein Feuerschein; zwischen dem Feuer aber und den Gefesselten läuft oben ein Weg hin, längs dessen eine niedrige Mauer errichtet ist ähnlich der Schranke, die die Gaukelkünstler vor den Zuschauern errichten, um über sie weg ihre Kunststücke zu zeigen. (Pol.* 514ab) Die Befreiung aus der Höhle, in der die Gegenstände nur als Schattenbilder wahrgenommen werden, kann jedoch nicht leicht gelingen. Da alle ihre Umgebung für die gültige Realität halten, wird keiner freiwillig zum Verlassen der Höhle zu bewegen sein. Wird aber einer unter Zwang aus der Höhle geführt, muss ihn der Anblick der jetzt in ihrer tatsächlichen Gestalt erscheinenden Gegenstände verwirren, er wird die Höhlenbilder für wahrer halten. Drängt man ihn nun, in das Licht der Sonne zu blicken, ist er völlig geblendet, und er wird gar nichts mehr erkennen können. *Er würde sich also erst daran gewöhnen müssen, wenn es ihm gelingen soll, die Dinge da oben zu schauen, und zuerst würde er wohl am leichtesten die Schatten erkennen, darauf die Abbilder der Menschen und der übrigen Gegenstände im Wasser, später dann die wirklichen Gegenstände selbst; in der Folge würde er dann zunächst bei nächtlicher Weile die Erscheinungen am Himmel und den Himmel selbst betrachten, das Licht der Sterne und des Mondes schauend, was ihm leichter werden würde, als bei Tage die Sonne und das Sonnenlicht zu schauen. (Pol.* 516ab) Nachdem er diesen Aufstieg zur Erkenntnis absolviert hat, wird er froh über diese sein und die zurückgelassenen Höhlen-

Das Höhlengleichnis des Platon.
Kupferstich von Jan Saenredam, nach Cornelis van
Haarlem, 1604

insassen bemitleiden. Kehrt er nun in die Höhle zurück, taugen seine Augen zum Sehen in der Finsternis nicht: *[...] würde er sich da nicht lächerlich machen und würde es nicht von ihm heißen, sein Aufstieg nach oben sei schuld daran, daß er mit verdorbenen Augen wiedergekehrt sei, und schon der bloße Versuch, nach oben zu gelangen, sei verwerflich? Und wenn sie den, der es etwa versuchte, sie zu entfesseln und hinaufzuführen, irgendwie in ihre Hand bekommen und umbringen könnten, so würden sie ihn doch auch umbringen? (Pol. 517 a)*

In diesem Gleichnis überlagern sich mehrere Ebenen. Im Vordergrund steht die ontologische Aussage, dass die Erfahrungswelt von minderem Rang ist. Doch enthält das Höhlengleichnis auch wichtige staatstheoretische Implikationen: Die Schatten an der Wand stehen für die falschen Vorstellungen von der Realität und von moralischen Begriffen wie der Gerechtigkeit. Ferner hat das Gleichnis eine ethische Komponente und fordert dazu auf, sich an der Erkenntnis des Guten zu orientieren. Es rückt den besonderen Wert der Seele ins Bewusstsein: Sie verdient höchste Sorge, da individuelles und staatliches Glück nur möglich wird, wenn sie von falschen Vorstellungen befreit wird.[126] Also werden auch erziehungstheoretische und anthropologische Feststellungen getroffen. Das Gleichnis betont erneut den falschen Bildungsbegriff der Sophistik. Während die falschen Vermittler von Wissen davon ausgingen, sie pflanzten der Seele, in der es ursprünglich kein Wissen gebe, dies Wissen ein, etwa wie wenn sie blinden Augen die Sehkraft einsetzten, besteht Sokrates darauf, dass die Sehkraft schon vorhanden ist, Bildung aber in einer *Kunst der Umkehrung dieses Organs* bestehen müsse: Das Auge ist nämlich nicht *nach der richtigen Seite hingewendet* und müsse deshalb *umgewendet* werden (*Pol.* 518 b – d). Somit setzt auch das Höhlengleichnis den weiten Politik-Begriff Platons voraus, der sich erst vor dem Hintergrund des menschlichen Seins überhaupt verstehen lässt. Das Gleichnis dient insgesamt dazu, die Staatskonzeption Platons zu untermauern: Da die Welt so ist, wie das Gleichnis zeigt, kann auch der Staat so eingerichtet werden, wie Platon es vorschlägt. Der Aufstieg, den das Höhlengleichnis beschreibt, führt im Übrigen nicht zu einem ekstatischen Selbstgenügen an der Schau der Ideen, sondern verpflichtet die Philosophen darauf, irdische Aufgaben wahrzunehmen. Diese können nur deshalb im vollsten Sinn erfüllt werden, weil der Aufstieg zuvor bis zur Schau der Sonne (der Idee des Guten) gelungen ist und die Erkenntnis gewonnen wurde, dass sich alles von ihr herleitet. Es lohnt, den Blick auf einige Einzelheiten des Gleichnisses zu richten, aus denen sich weitere politische Konsequenzen ergeben. So fällt auf, dass die Träger der nur schattenhaft wahrnehmbaren Gegenstände nicht zu sehen sind. Die in der Höhle Lebenden können also nicht ausmachen, von welchen Personen eigentlich die falschen Bilder herrühren. Es ist ferner bemerkenswert, dass keiner die Höhle freiwillig verlässt und diesen geistigen Geburtsakt wagt. Offenbar betont Platon hier den mangelnden Willen zur eigenen Befreiung. Menschliche Eigenschaften wie Forscherdrang, Neugierde spielen in dieser Konstellation keine Rolle. Mit der Darstellung des rückkehrenden Philosophen bringt er die grundlegenden Legitimationsschwierigkeiten der Erkenntnis zur Anschauung. Welche Vorteile sich aus der philosophischen Reflexion ergeben, lässt sich den an Philosophie nicht Interessierten nicht klar machen. Folgerichtig strebt das Gleichnis auf seinen dramatischen Höhepunkt zu: Der Rückkehrer wird getötet. Platon bringt mit diesem Gleichnis zwar klar zum Ausdruck, dass der Mensch aufgrund seines Erkenntnisvermögens zur Schau der Idee des Guten bestimmt ist. Aber er macht ebenso klar, wie schwierig der Weg dorthin ist. Zunächst muss die Bereitschaft entwickelt werden, die gewohnte, alltägliche, den meisten völlig genügende Erfahrungswelt überhaupt zu verlassen und eine philosophische Lebenseinstellung anzunehmen. Eine solche Entscheidung kostet sehr viel Mühe, und sie muss über den mehrstufigen Weg des Aufstiegs beibehalten werden. Letztlich nimmt der Entschluss, ein philosophisches Leben zu führen, den ganzen Menschen in Anspruch. Nur mit den Verstandeskräften wird das Ziel der Ideenschau nicht erreichbar sein. Bei der Erziehung seiner Philosophen sieht Platon deshalb vor, dass vor dem Erreichen des fünfzigsten Lebensjahres die Schau der Idee des Guten nicht angestrebt werden solle.[127]

Solange alle in der Höhle verharren, befinden wir uns in der politischen Welt des 5. und 4. Jahrhunderts v. Chr., in der Sophisten und Rhetoren die Meinungsführerschaft innehatten, ohne jedoch über objektiv gesichertes Wissen zu verfügen, an dem sich Entscheidungen orientieren konnten. Zu allgemein akzeptablen Entscheidungen musste man auf anderem Wege kommen, durch Rhetorik. Sobald jedoch einer aus der Höhle emporsteigt und zu einer höheren Erkenntnis gelangt, ist diese politische Organisationsform überholt. Da aber die anderen Höhlenbewohner diese Erkenntnis nicht mit ihrer Erfahrung verbinden können und es keine Möglichkeit gibt, diese Erkenntnis durch eine heilige Schrift oder Ähnliches zu beglaubigen, existieren in der Höhle zwei nicht zu vermittelnde Ansichten von Wirklichkeit. Durch Mitteilung kann der Rückkehrer sein Wissen nicht allgemein werden lassen: Er ist also immer eher auf die Rolle des Machthabers festgelegt, nicht auf die des Aufklärers.[128] Es ist unabweisbar, dass aufgrund dieser Struktur zwischen den Wissenden und den Übrigen ein Herrschaftsverhältnis errichtet ist. Aber obwohl die philosophische Erkenntnis den übrigen Höhlenbewohnern nicht als solche ersichtlich ist, bleibt sie das entscheidende Kriterium, nach dem die Herrscher zu beurteilen sind. Offenbar nimmt Platon an, dass die Idee des Guten prinzipiell erkennbar ist und dass dies den Herrschern auch gelingt. Er hat demnach einen Begriff von Philosophie, der die Erkenntnis des Guten nicht ausschließt, wohingegen für uns der Aspekt des Unabschließbaren der philosophischen Bemühung wesentlich ist. Das mit dieser Machtfülle ausgestattete Amt muss jedoch sinnvollerweise seinen Anspruch aus der Fähigkeit beziehen, das politisch Richtige und Gerechte aus sicherer Erkenntnis heraus herleiten zu können. Würden sich die Philosophen lediglich nach ganzen Kräften ihr Leben lang bemühen, ohne jemals an das Ziel ihrer Denkbemühungen zu gelangen, wäre die platonische Herrschaftsform schlecht legitimiert.[129]

Haben die Philosophen einmal die höchste Erkenntnis erlangt, sind sie niemandem mehr Rechenschaft schuldig. Mit welchen Handlungen sie dann den Staat leiten, ist allein in ihr Ermessen gestellt: *Töten sie aber oder verbannen sie manche Mitbürger zum Besten des Staates, um ihn zu reinigen, oder senden sie Kolonien gleich Bienenschwärmen aus nach anderen Gegenden und machen ihn dadurch kleiner oder nehmen sie von anderwärts her Fremde unter Gewährung des Bürgerrechts auf und machen ihn dadurch größer, so kommt dabei alles darauf an, ob sie es auf Grund wirklicher Einsicht und strenger Gerechtigkeit tun, um ihm aufzuhelfen und ihn nach Kräften aus einem schlechteren besser zu machen: so lange dies der Fall ist, so lange und nach solchem Maßstab müssen wir diesen Staat als den einzigen von richtiger Beschaffenheit bezeichnen.* (Polit. 293de)

UTOPIE ODER REALISTISCHER ENTWURF?

Von den vielen Fragen, die der platonische Staat aufwirft und deren Beantwortung darüber entscheidet, ob er als Phantasiegebilde oder als ernsthafte Konzeption zu gelten hat, wiegt eine besonders schwer: Wie sollen eigentlich die Philosophen an die Macht gelangen? In einem breit ausgeführten Gleichnis macht Platon darauf aufmerksam, dass in den konventionell organisierten Staaten ein Philosoph sich nicht durchsetzen kann. Denn ein solcher Staat ist wie ein Schiff, auf dem ein Schiffsherr ohne sonderliche Kenntnis des Seewesens das Kommando innehat und zugleich von ebenso unkundigen Schiffsleuten bestürmt wird, er möge ihnen das Steuer überlassen. Wer ihnen durch rhetorische oder gewaltsame

Mittel dabei hilft, die Lenkung des Schiffs an sich zu reißen, der gilt ihnen als Experte; jeder, der sich ihnen widersetzt, als unbrauchbar. Einer, der tatsächlich im Seewesen ausgebildet ist, kann unmöglich bei ihnen etwas bewirken.[130] Die beiden genannten Mittel, an das Steuer zu kommen, Rhetorik und Gewalt, scheiden für den Philosophen aus: Eine Philosophenherrschaft lässt sich mit den üblichen politischen Mitteln nicht herbeiführen. Als Ausweg bleibt die Erziehung der derzeitigen Machthaber, die auf diese Weise allmählich zu den postulierten Philosophen werden könnten. In jedem Fall wird eine lange wissenschaftliche Ausbildung notwendig sein, bevor jemand den strengen Maßstäben genügt, die Platon für die Ausübung des Wächteramts aufstellt. Schon die Erfüllung dieser Anforderungen ist selten. Und wenn jemand nun mit diesen Fähigkeiten auf die realen Begebenheiten trifft, ist es wahrscheinlich, *daß er vielmehr wie ein unter wilde Tiere geratener Mensch, der weder mit an deren frevelhaftem Treiben sich beteiligen will noch die hinreichende Kraft hat, sich allein gegenüber einer Schar von lauter Unholden zu behaupten, ein frühzeitiges Ende findet, ehe er sich dem Staat oder seinen Freunden nützlich erweisen konnte* (*Pol.* 496 d). Auch die besondere philosophische Begabung, die die künftigen Machthaber ja auszeichnet, ist hier ein Gefahrenmoment: dass die Einübung in die Reflexion für derartige Menschen leicht ein Selbstzweck werden kann, ist Platon nicht entgangen. Wer das Höchste erkannt hat, verspürt keinen Drang mehr, sich *auf das Treiben der Menschen* einzulassen und *im Kampf mit ihnen sich mit Neid und Feindseligkeit zu beladen*, sondern ihn verlangt es danach, *ganz versunken in die Betrachtung eines wohlgeordneten Reiches von Wesen, die sich immer völlig gleich bleiben und weder Unrecht tun noch Unrecht voneinander leiden, sondern sich durchweg ordnungs- und vernunftgemäß verhalten.* Ja, die Philosophen wollen *dem Göttlichen und Makellosen nachhängend* selbst *makellos und göttlich* werden. (*Pol.* 500bc) Das Paradox, dass gerade die nach seinen Vorstellungen herangebildeten und erzogenen Philosophen zwar für die Herrschaft am besten geeignet sind, aufgrund ihrer akademischen Prägung jedoch am wenigsten dazu willens sein werden, fordert Platon einige argumentative Mühen ab. Die herkömmlichen Anreize wie Ehre oder Geld motivieren den Philosophenherrscher natürlich nicht, doch könnte ihn eine andere Überlegung zum Staatsdienst bewegen: die Furcht, von Schlechteren regiert zu werden.[131] Das Höhlengleichnis akzentuiert noch etwas anders, indem es regelrecht die Pflicht zum Staatsdienst betont: denn immerhin hätte der Staat ihnen auch eine *bessere und vollkommenere Bildung* zuteil werden lassen (*Pol.* 520bc). Alles in allem kann Platon jedoch kein zwingendes Argument vorbringen, das den Unwillen seiner Philosophen überwindet, zur Übernahme politischer Verantwortung bereitzustehen. Man hat sogar den Eindruck, dass dieser Charakterzug ihm letztlich nicht ganz wesensfremd gewesen ist, denn er bewertet ihn geradezu als Qualitätsmerkmal seiner Herrscher: *derjenige Staat, in dem die zur Herrschaft Bestimmten am wenigsten darauf erpicht sind zu herrschen, ist unbedingt am besten verwaltet* (*Pol.* 520 d).

Es ist wegen dieser Schwierigkeiten nicht erstaunlich, dass Platon letztlich doch zu einer Art Deus ex machina seine Zuflucht nehmen muss: *Denn kein Zweifel: was überhaupt sich noch rettet und in gesunder Weise entwickelt unter den jetzigen staatlichen Verhältnissen, davon kann man mit Recht sagen, einer Schickung Gottes verdanke es seine Rettung.* (*Pol.* 492 e – 493 a)

Ob er es nun für möglich oder für unrealistisch gehalten hat, dass sich die Philosophenherrschaft durchsetzen könne, ist schwierig zu beurteilen. Es finden sich für beide Möglichkeiten Belegstellen. Optimistisch sagt Sokrates an einer Stelle: *Daß aber das Eintreten von einem dieser Fälle [entweder die Philosophen werden Herrscher oder die Herrscher werden zu Philosophen] oder von beiden eine Unmöglichkeit wäre, das lasse ich mir nicht einreden.* (*Pol.* 499 c) An anderer Stelle wird jedoch gesagt, dass dieser Staat *sein Dasein nur im Reiche der Gedanken hat* und im Himmel *vielleicht als Muster hingestellt [ist] für den, der ihn anschauen und gemäß dem Erschauten sein eigenes Innere gestalten will* (*Pol.* 592ab).

Doch noch andere Züge lassen den platonischen Entwurf unrealistisch erscheinen. So fällt auf, dass in dem gerechten Staat Platons alle Konflikte beseitigt sind. Seine Bürger handeln und denken im völligen Einklang mit den Erfordernissen des Gemeinwohls. Diesem widerstrebende Intentionen kommen nicht vor, Spannungen zwischen Einzel- und Allgemeininteresse oder auch zwischen einzelnen gesellschaftlichen Gruppen gibt es nicht. Für Platon steht unzweifelhaft fest, dass das eigene Wohlergehen am besten erreicht wird, wenn der Staat insgesamt für ein moralisch gutes Leben sorgt. Aber auch die beste staatliche Einrichtung wird niemals alle Gegensätze beseitigen können, und so wird man konstatieren müssen, dass sich Platon diesem Problem nicht ernsthaft gestellt hat. Hier fehlt auch die Einbindung der Rhetorik als legitimer Form der parteigebundenen Interessensvertretung. Das Bild des Arztes, des Steuermanns oder auch des Künstlers, das Platon für den Staatslenker gebraucht, macht implizit deutlich, wie schematisierend und vereinfachend seine Vorstellung von den Bürgern ausfällt. Sie sind der Lenkung des einsichtsvollen Experten als amorphe Gestalten unterstellt. Unterschiedliche Bedürfnisse werden ihnen nicht zugestanden. Diese Menschen erscheinen ohne Individualität, und man hat den Eindruck, dass diese Art der Staatslenkung schnell an Grenzen stoßen würde, wenn sie den Besonderheiten und individuell unterschiedlichen Denk- und Verhaltensweisen der Menschen gerecht werden müsste.

Zu den ersten Kritikern der platonischen *Politeia* gehört Aristoteles. Diesem Umstand verdankt sich auch die Tatsache, dass meistens bei der Diskussion der platonischen Staatstheorie die *Politeia* im Vordergrund steht und seine beiden Werke *Politikos* und *Nomoi*, die manche Modifikationen bringen, nicht ihrem Wert entsprechend zur Kenntnis genommen werden. Aristoteles wirft Platon vor, seine Gedanken zur Gütergemeinschaft seien von der Erfahrung in keiner

Kopf des Philosophen Aristoteles. Römische Kopie nach einer griechischen Erzstatue, wenig nach 330 v. Chr.

Weise bestätigt, und es ließen sich auch aus der bisherigen Verfassungserfahrung keine Hinweise für die Plausibilität seines Entwurfs herleiten.[132] Der Geschichtsschreiber Polybios hat diese Kritik in ein eindrückliches Bild gefasst: Der platonische Staatsentwurf sei so weit von der Realität entfernt wie eine Skulptur von einem lebenden Menschen.[133] Aristoteles ist dezidiert gegen eine Herrschaft von Philosophen. Er misstraut dem platonischen Axiom, dass der Einzelne weiser sein könne als die Gesamtheit der Menschen. Bei ihm wird dem gemeinsamen Können der Vielen durchgängig größeres Gewicht beigemessen. Das zeigt sich auch bei der Konzeption seiner Rhetorik, die erstmals die Topik als Mittel der Argumentation darstellt: In den Topoi sind die Denkgewohnheiten aller Menschen gespeichert, und ein Redner ist auf dieses Archiv angewiesen, da seine eigene Phantasie niemals an dieses Reservoir heranreichen kann. Besonders gegen das Bemühen Platons, in seinem Staat eine möglichst große Einheitlichkeit herzustellen, wendet Aristoteles sich heftig: «Denn eine Vielheit seiner Natur nach ist der Staat, und um zu einer Einheit zu werden, müßte er vielmehr aus dem Staat zur Familie und aus der Familie zum Einzelmenschen werden. Denn das werden wir doch behaupten dürfen, daß eine strengere Einheit die Familie als der Staat und der Einzelne als die Familie ist. Und wenn man daher auch wirklich imstande wäre, den Staat in dieser Weise zu einigen, so dürfte man es doch gar nicht tun, weil man damit den Staat aufheben würde.»[134] Die Frauen- und Kindergemeinschaft unterwirft Aristoteles einer gesonderten Kritik, die die praktische Undurchführbarkeit einer solchen Vorstellung in den Blickpunkt rückt. So sei es allgemeine Tatsache, dass für Dinge, die vielen angehörig sind, weniger Sorge getragen wird. Das müsste auch bei den allen gemeinsamen Kindern eintreten.[135] Aristoteles übernimmt die platonische Gleichstellung der Frau nicht. Trotzdem zeigt sein Staat im Ganzen liberalere Züge, weil er nicht von einem einheitlichen metaphysischen System her gedacht ist.

Oft – und am wirkungsmächtigsten bei Popper – ist zu lesen, dass der platonische Staat totalitär sei. Dies suggeriert jedoch völlig sachfremde Übertragungen aus dem 20. Jahrhundert. Denn wichtige Kriterien der totalitären Herrschaft sind bei Platon nicht erfüllt. Es gibt keine Massenorganisation, keine Geheimpolizei, selbst Gefängnisse werden in der *Politeia* nicht erwähnt. Platon beschreibt keinen Machtapparat, der systematisch die Beherrschten unter Kontrolle hält. Völlig fehlt das Spitzelsystem, das das Vertrauen zwischen den Menschen zerstört; auch eine Identität von Staat und Gesellschaft wird nicht angestrebt.[136]

VON DER HERRSCHAFT DER PHILOSOPHEN ZUR HERRSCHAFT DER GESETZE

Platon hat in seinem politischen Denken nicht ungebrochen an der Philosophenherrschaft festgehalten. Vielmehr skizziert er in seinem letzten Werk, den *Nomoi*, eine Herrschaft durch Gesetze. Man fragt sich, wie es zu dieser Revision seiner ersten Staatskonzeption gekommen ist. Denn noch in einer Reflexion seines Dialogs *Politikos* macht er auf gravierende Nachteile der Gesetzesherrschaft aufmerksam: *In der Tat ist es klar, daß die Gesetzgebung in gewisser Beziehung zur Herrscherkunst gehört. Aber das Beste ist es doch, wenn die Macht nicht in den Gesetzen liegt, sondern in der Hand eines mit Einsicht ausgerüsteten königlichen Mannes. Weißt du warum? – Nun warum denn? – Weil ein Gesetz niemals alle denkbaren Fälle in genauer Anpassung umfassen und so allen das Heilsamste vorschreiben kann. Denn die Ungleichheiten der Menschen und ihrer Handlungen und die geradezu ausnahmslose, ewige Unbeständigkeit der menschlichen Dinge lassen es nicht zu, daß irgendeine Kunst in irgendeinem Gebiete eine einfache (sich gleichbleibende) auf alle Fälle und für alle Zeit anwendbare Regel aufstelle. Räumen wir das nicht ein? – Gewiß – Eben aber auf eine solche Regel hat es das Gesetz doch offenbar abgesehen, ähnlich einem starrköpfigen, ungebildeten Menschen, der niemandes Willen neben dem seinigen gelten läßt und niemandem auch nur eine Frage an sich gestattet, selbst dann nicht, wenn etwas Neues, von der von ihm gegebenen Bestimmung Abweichendes sich als heilsamer für irgend jemanden darstellen sollte.* (*Polit.* 294 a – c)

In der *Politeia* hatte Platon dem Sachverstand den Primat eingeräumt, in seinem Alterswerk den Gesetzen. Er ist sich natürlich darüber im Klaren, dass die Gesetzesherrschaft nur die zweitbeste Lösung sein kann. Doch setzt die Philosophenherrschaft ein sehr optimistisches Bild der menschlichen Natur voraus: *Und die ein-*

sichtigen Herrscher mögen tun, was sie wollen, sie sind vor jeder fehlerhaften Handlung so lange sicher, als sie festhalten an der Erfüllung der einen großen Forderung, die darin besteht, daß sie imstande sind, ihren Mitbürgern immer unbedingte, auf Einsicht und Kunst gegründete Gerechtigkeit widerfahren zu lassen, und sie so in heilsamer Hut zu halten und nach Kräften aus schlechteren zu besseren Menschen zu machen. (*Polit.* 297ab) Die Gesprächsteilnehmer können sich deshalb der Einsicht nicht verschließen, dass der Philosophenherrscher mehr zu leisten hätte, als es menschengemäß ist: *So aber, da in den Staaten [...] kein König in die Erscheinung tritt, wie ihn in Bienenschwärmen die Natur selbst bildet, an Leib und Seele sofort als der einzig richtige sich kundgebend, so muß man, wie es scheint, sich zusammentun und geschriebene Gesetze abfassen, indem man den Spuren der einzig wahren Staatsform nachgeht.* (*Polit.* 301de)

In den *Nomoi* herrscht deshalb kein Einzelner oder eine Gruppe von Personen absolut, sondern nur das Gesetz: *Denn dem Staate, in dem das Gesetz abhängig ist von der Macht des Herrschers und nicht selbst Herr ist, dem sage ich kühn sein Ende voraus; demjenigen dagegen, in dem das Gesetz Herr ist über die Herrscher, und die Obrigkeiten den Gesetzen untertänig sind, dem sehe ich im Geiste Heil beschieden und alles Gute, was die Götter für Staaten bereit halten.* (*Nomoi* 715d) Die an der Exekutive beteiligten Personen haben eher den Status von Verwaltern als von Regenten. Noch eine zweite normgebende Orientierungsgröße spielt in den *Nomoi* eine bedeutende Rolle: die Vergangenheit. So wird an einer Stelle das Goldene Zeitalter unter der göttlichen Herrschaft des Kronos skizziert. Kronos hatte die unselige Disposition der Menschen zur Ungerechtigkeit erkannt. Um trotzdem das Glück der Menschen zu garantieren, bestimmte er statt Menschen Dämonen zu Herrschern. *Es verkündet also auch jetzt noch diese Sage der Wahrheit entsprechend, daß kein Staat, der nicht einen Gott, sondern irgend einen Sterblichen zum Herrscher hat, jemals Erlösung finden wird von Unheil und Elend; sondern wir dürfen – dies ist der Sinn der Erzählung – nichts unversucht lassen, um das Leben nachzuahmen, das unter Kronos geherrscht haben soll, und müssen, was von unsterblichem Wesen in uns ist, zum Führer machen für unser öffentliches Leben wie für unser Einzelleben, für Errichtung unserer Häuser und unserer Staaten, indem wir das von der*

Vernunft Zuerteilte und Gesetzte als Gesetz bezeichnen. (*Nomoi*
713e–714a) Die platonische Gesetzesherrschaft beruht also darauf, Gott als Maß aller Dinge anzuerkennen[137] und der in den Gesetzen zum Ausdruck kommenden göttlichen Vernunft zu folgen.

Die Gesetzesherrschaft, wie sie die *Nomoi* vorführen, bietet für
die Bürger unbestreitbare Vorzüge gegenüber dem *Politeia*-Modell.
An wichtigen Entscheidungen sind sie nun beteiligt, die Macht ist
weit weniger asymmetrisch verteilt. Ferner garantieren die unumstößlich geltenden Gesetze jedem Bürger Rechtssicherheit, die in
der *Politeia* lediglich durch die sittliche Vollkommenheit der Herrschenden gegeben war. Es bleibt jedoch fraglich, wie tatsächlich
die Macht umgesetzt werden soll. Die Gesetze können die Art der
Machtausübung nur vorschreiben, tatsächliches Handeln wird
immer Menschen zukommen. Hier liegt eine Gefahr für diesen
Staat.

Die Vorschriften, die Platon in seinen *Nomoi* vorsieht, zielen
auf einen übergeordneten Zweck hin: Die Bürger sollen so glücklich und so befreundet wie möglich untereinander verkehren.[138]
Da Auseinandersetzungen um Geld und andere materielle Güter
dieses Staatsziel erheblich gefährden, wird unmissverständlich
klargestellt: *Es darf also [...] weder Gold noch Silber im Staate geben,
auch darf kein erheblicher Gelderwerb durch Handwerk, Wucher oder
unnatürliche Viehzüchterei stattfinden, sondern man soll sich mit dem be-
gnügen, was der Landbau bringt und einträgt, und auch diesen soll man
nur so weit betreiben, als der Betrieb einen nicht in die Lage bringt, dasjenige vernachlässigen zu müssen, um dessen willen alle Habe da ist. Das
aber sind Seele und Leib, die ohne Gymnastik und sonstige Ausbildung so
gut wie keinen Wert erlangen können. Daher haben wir denn mehr als
einmal es ausgesprochen, daß die Sorge um Hab und Gut in unserer
Schätzung den letzten Platz einnehmen müsse. Denn mit den drei überhaupt vorhandenen Gütern, um die jeder Mensch sich bemüht, steht es so,
daß die Sorge um Hab und Gut, richtig verstanden, erst an letzter und
dritter Stelle steht, die um den Körper an mittlerer Stelle und die um die
Seele an erster Stelle.* (*Nomoi* 743de) In der Tat zieht sich die Warnung
vor Reichtum und jeder Mehrung des materiellen Wohlstandes
beinahe leitmotivisch durch die Gesetzesvorschriften. Deshalb
darf die Stadt, in der die Gesetzesherrschaft verwirklicht wird,

Meerfahrt des Dionysos. Attische Augenschale des Exekias, um 530 v. Chr.

nicht zu nahe am Meer liegen, dringen doch durch die Häfen der Großhandel und der Kleinhandel mit seiner Geldgier in die Stadt und erzeugen *in den Seelen eine Empfänglichkeit für trügerische und unzuverlässige Sinnesart* (*Nomoi* 705 a). So schwindet in der Bürgerschaft der *Geist der Treue und der Freundschaft*. Überhaupt wird immer wieder betont, dass individualistische Züge zugunsten einer Einordnung in die Gemeinschaft und einer Stärkung des Gemeinsinns unterdrückt werden sollen. Als die Sprache auf das Militärwesen kommt, wird die Bereitschaft zum strikten Gehorsam angemahnt. *Der Bürger soll seine Seele durch gute Gewöhnung so in Zucht nehmen, daß sie überhaupt gar nicht auch nur auf den Gedanken kommt, etwas abgesondert von der Gemeinschaft der anderen zu tun, sondern das Leben aller soll soweit wie möglich eine große, in sich geschlossene und feste Gemeinschaft bilden. [...] Das muß denn auch schon im Frieden von Kindheit auf Gegenstand eifrigster Übung sein, daß man nicht minder lerne, anderen zu gehorchen als ihnen zu befehlen. Der zuchtlose Eigenwille aber muss aus dem Leben aller Menschen nicht nur, sondern auch aller dem Menschen dienenden Tiere gründlich ausgerottet werden.* (*Nomoi* 942 b–d) Im Einzelnen wirken die Gesetze mitunter etwas streng und sehr auf Details bezogen. Man spürt, dass sie dem Grundsatz *Unbewacht soll womöglich nichts bleiben* (*Nomoi* 760 a) Rechnung tragen. So wird genau festgelegt, welches Quantum Wein den einzelnen Altersstufen gestattet sein soll. Bis zum achtzehnten Jahr darf überhaupt kein Wein genossen werden, bis zum dreißigsten Jahr ist Wein erlaubt, aber nur insoweit, als jede Rauscherfahrung oder gar Trunksucht ausgeschlossen ist, ab dem vierzigsten Lebensjahr darf jedoch Dionysos herbeigerufen werden als *Schutzmittel gegen die Trübseligkeit des Alters* (*Nomoi* 666ab). Auch wie Hochzeitsfeierlichkeiten zu gestalten sind, wird exakt geregelt: Es sollen nämlich höchstens fünf Freunde des Bräutigams und fünf Freundinnen der Braut sowie an beiderseitigen Angehörigen die gleiche Zahl anwesend sein dürfen.[139] Bei etwaiger Ehelosigkeit bis zum 35. Jahr droht eine jährliche Sonderabgabe.[140] Personen unter vierzig Jah-

Zecher
und Hetäre.
Schale
des Brygos-
Malers, um
490 v. Chr.

ren dürfen nicht ins Ausland reisen; auch danach darf keiner auf eigene Faust den Staat verlassen. Doch andererseits sollen Auslandsreisen nicht behindert werden, denn sie tragen dazu bei, dass die Bürger nicht nur gewohnheitsmäßig die Gesetze befolgen, sondern sich ein selbständiges Urteil über sie bilden.[141]

Selbstverständlich fehlen auch Vorschriften über Strafen bei etwaigen Übertretungen der Gesetze nicht. Allerdings empfinden es die Gesprächsteilnehmer als Paradox, dass auch der von ihnen konzipierte Staat, der alles für die Durchsetzung eines sittlichen Lebens tut, mit Straftaten rechnen muss.[142] Doch wie schon Sokrates beharrt Platon auf seiner Ansicht, dass niemand absichtlich ungerecht handelt.[143]

Im Übrigen hat er nicht ganz auf die Möglichkeit verzichten wollen, die Gesetze zu kontrollieren und bei Bedarf zu verbessern. Diese Aufgabe kommt der so genannten nächtlichen Versammlung zu, die etwas an die *Politeia* erinnert. Ihre Funktion wird jedoch nicht genau beschrieben, immerhin erfahren wir, dass dieses Gremium auf die Erfahrungen von Reisenden zurückgreifen soll.

Platon hat den Bildungswert seines Gesetzeswerkes selbst sehr hoch eingeschätzt. Er lässt den Athener, einen der Gesprächsteilnehmer, sagen: *Denn wenn ich jetzt die Reden überblicke, mit denen wir uns vom frühen Morgen bis jetzt […] nicht ohne einen Anhauch göttlicher Begeisterung unterhalten haben, so kommt es mir wenigstens durchaus so vor, als wären sie eine Art dichterischer Erzeugnisse. […] Denn verglichen mit dem Meisten von dem, was ich in Dichterwerken oder in Prosaschriften gelesen oder daraus angehört habe, scheinen sie mir weitaus am angemessensten und passendsten für die Bildung der Jugend; für den Gesetzeswächter und Jugendaufseher also wüßte ich, dünkt mich, als vorbildlichen Lernstoff nichts Besseres zu empfehlen als dies. (Nomoi* 811 c – d)

Die «zweite Seefahrt»

Im Dialog *Phaidon* berichtet Sokrates, dass er in seiner Jugend die Philosophie der heute so genannten Vorsokratiker studiert habe, ihn diese jedoch nicht befriedigen konnte, weil sie über die Ebene der Sinneswahrnehmungen letztlich nicht hinausgelangte: *Als ich nun aber einst jemanden aus einem Buch, angeblich des Anaxagoras, vorlesen hörte und die Behauptung vernahm, daß die Vernunft es ist, die alles anordnet und bewirkt, da freute ich mich über diese Art von Ursache und es schien mir in gewisser Weise sehr richtig zu sein, daß die Vernunft die Ursache von allem sei.* (*Phaid.* 97bc) Doch hat, wie Sokrates weiter ausführt, Anaxagoras diesen hohen Anspruch nicht einlösen können; er war noch zu wenig in der Lage, *zu unterscheiden zwischen der eigentlichen Ursache und dem, ohne welches die Ursache nicht wirken kann* (*Phaid.* 99b). Weil seine Lehre von der Vernunft als Ursache der Dinge auf die Ebene der sinnlichen und empirischen Welt beschränkt bleibt, ist sie nicht haltbar. Denn die Vernunft tritt hier nur in Wechselwirkung mit

Anaxagoras. Bronzemünze von Klazomenai, um 100 v. Chr.

den Gegebenheiten der physischen Welt auf. Nach der Erklärung des Anaxagoras würde die gegenwärtige Situation des verurteilten und unmittelbar vor der Hinrichtung stehenden Sokrates allein aus einer bestimmten, rational einleuchtenden Anordnung seiner Sehnen und Knochen resultieren. Zur entscheidenden Frage, weshalb Sokrates nicht flieht, zu seiner moralischen Überzeugung, nur auf diese Weise sich gerecht zu verhalten, stößt dieses Modell nicht vor. Der Verweis des Sokrates auf die moralischen Hintergründe seines Handelns macht auf etwas entscheidend Wichtiges aufmerksam: dass nämlich die Vernunft in irgendeiner Weise mit dem Guten als letztgültiger Orientierungsnorm verknüpft sein muss, denn sonst lässt sich das Sein nicht befriedigend erklären. Dies ist nur möglich durch den Aufstieg zur Welt der Ideen, die ihrerseits in der Idee des Guten kulminieren. Sokrates erkennt also, dass nach dem Scheitern des naturphilosophischen Ansatzes für ihn eine «zweite Seefahrt»[144] notwendig geworden ist: Die «zweite Seefahrt» ist eine Metapher aus der Schifffahrtssprache und meint den Einsatz der Ruder bei Windstille, da die Segel wirkungslos geworden sind. Für die Philosophie bedeutet diese Metapher die Notwendigkeit, zum Übersinnlichen aufzustreben, da sich die Erkenntnismöglichkeiten der an den Sinneswahrnehmungen orientierten Naturphilosophie erschöpft haben: *Nachdem ich mich also daraufhin von der Betrachtung der gegebenen Dinge losgesagt hatte, schien mir alle Vorsicht geboten, mich vor dem Schicksal derjenigen zu bewahren, die die Sonne bei ihrer Verfinsterung anschauen und beobachten; büßen doch manche das Augenlicht ein, wenn sie nicht das Bild derselben im Wasser oder sonst einer spiegelnden Fläche betrachten. So etwas ging auch mir durch den Kopf, und ich fürchtete, ich möchte an der Seele völlig erblinden, wenn ich mit den Augen die Dinge betrachtete und sie mit den übrigen Sinnen alle zu erfassen versuchte. Es erschien mir demnach notwendig, zu den Begriffen meine Zuflucht zu nehmen und an ihrer Hand das wahre Wesen der Dinge zu erforschen.* (*Phaid.* 99de) Sokrates gelangt auf diesem Weg zu einem neuen Begriff der Ursache. Die Schönheit einzelner Gegenstände etwa wird durch das Schöne an sich verursacht: *Mit jenen anderen hochweisen Ursachen weiß ich also nun nichts mehr anzufangen und verstehe sie nicht mehr; sondern wenn mir jemand als Grund dafür, daß irgend etwas schön ist, entweder die blühende Farbe oder die Gestalt oder sonst etwas Derartiges angibt, so lasse ich mich auf all das von vornherein gar nicht ein – denn alles andere verwirrt mich nur – und halte mich schlicht und einfach und vielleicht einfältig daran, daß nichts anderes es schön macht als die Gegenwart oder Gemeinschaft – oder wie immer man auch dies Verhältnis der Zusammengehörigkeit bezeichnen will –*

jenes Urschönen. (Phaid. 100cd) Ein philosophiegeschichtlich bedeutsamer Epochenwechsel drückt sich an dieser Stelle aus: Die neue Methode erweist die Naturphilosophen «als Materialisten»[145]. Ab jetzt wird es möglich, zwischen körperlich und unkörperlich, übersinnlich und sinnlich, empirisch und metaempirisch zu unterscheiden. Als Gegenstand des philosophischen Nachdenkens existiert jetzt nicht nur eine Welt, die mit den Sinnen greifbar ist, sondern auch die, die denkbar ist. Diese intelligible Welt tritt jedoch nicht nur neben die vorherige, sondern behauptet auch den Vorrang vor ihr. Denn die physischen, von den Sinnen erfahrbaren Erscheinungen haben einen geringeren Seinsgrad als die nur durch Vernunft erfassbaren Ideen.

DIE IDEENLEHRE

Die platonische Ideenlehre, die das Ergebnis der zweiten Seefahrt ist, scheint nur auf den ersten Blick einleuchtend und leicht verständlich. Tatsächlich wird ein angemessenes Verständnis durch zahlreiche Schwierigkeiten behindert. Die vielleicht größte Hürde liegt in der unsystematischen Struktur der Dialoge Platons: An keiner Stelle wird die Ideenlehre näher ausgeführt. Die verstreuten Verweise auf die Ideenlehre nehmen dabei im Verhältnis zum Gesamtwerk einen bemerkenswert geringen Raum ein. Platon sagt jedoch nicht nur wenig über seine Ideenlehre, er sagt auch nichts Genaues. Er lässt es mit der Behauptung, dass es die Ideen gibt, bewenden; was sie genau sind, wird nirgends ausgeführt.[146] Niemals erfahren wir mehr, als für den jeweiligen Zusammenhang unbedingt erforderlich ist. Meistens haben die Bemerkungen nur die Qualität von Andeutungen und Anspielungen, oder die Äußerungen sind mehr oder weniger deutlich metaphorisch. Es sind zudem immer dieselben wenigen Beispiele, die Platon zur Illustration dieses Teils seiner Philosophie bemüht. Auch der sprachliche Terminus «Idee» erschwert ein genaues Fassen dessen, was er mit diesem Wort eigentlich bezeichnet. Mit dem deutschen Wort verbinden sich jedenfalls ganz andere Vorstellungen, als sie Platon beabsichtigt hat. Mit «Idee» hat er keinesfalls nur eine geistige Vorstellung oder einen Gedanken gemeint, sondern etwas tatsächlich Seiendes, auf das sich das Denken in vollkommener Weise beziehen kann. Oft wäre es deshalb angemessener, Begriffe wie «Form» oder «Gestalt» für die platonischen Ideen zu verwenden.

Es gibt noch eine größere Merkwürdigkeit, die ein unreflektiertes Aneignen der Ideenlehre verhindert: Platon hat an zwei Stellen längere Ausführungen zu seiner Lehre eingeflochten, doch bezeichnenderweise mit der Absicht, ein bestimmtes Verständnis der Ideenlehre zu kritisieren. So gründlich und engagiert diese Kritik auch ausfällt, es wird aus ihr keine verbesserte Auffassung von den Ideen entwickelt. In der ersten Stelle, der so genannten Gigantomachie des *Sophistes*, warnt Platon davor, die Ideen naiv zu vergegenständlichen.[147] Diese Aufforderung ist offensichtlich gegen eine bestimmte Adaptation seiner Lehre gerichtet. In der zweiten Stelle, dem *Parmenides*, wird noch deutlicher, dass Platon keine Selbstkritik betreibt oder gar seine Ideenlehre zurücknehmen will. Er hat mit großer darstellerischer Sorgfalt den *Parmenides* in die fernere Vergangenheit projiziert; kein anderer Dialog spielt so früh wie dieser: Der junge Sokrates trifft in ihm auf den greisen

Gigantenschlacht. Kelchkrater-Fragment, um 410 v. Chr.

Sokrates.
Römische Replik
nach einem Original
des späteren 4. Jahr-
hunderts v. Chr.

Parmenides. Offenbar sollte deutlich werden, mit welchen An-
fangsschwierigkeiten beim Entwurf einer Ideenlehre Sokrates zu
ringen hatte. Parmenides attestiert ihm, er werde später noch tiefer in die Philosophie eindringen[148] – das wäre dann die Zeitstufe,
auf der andere Dialoge Platons spielen. Die Distanz, mit der das
Gespräch des *Parmenides* in Szene gesetzt wird, wird auch durch
einen kunstvoll gebauten dreifachen Rahmen betont: Der Erzäh-
ler, Kephalos von Klazomenai, berichtet einem anonymen Zuhörer, was ihm Antiphon von einer Erzählung des Pythodoros über
ein zwischen Parmenides und Sokrates geführtes Gespräch berichtet hat. Ausdrücklich wird bemerkt, dass sich Antiphon nicht
mehr mit Philosophie beschäftigt (sondern in der Pferdezucht seinen idealen Zeitvertreib gefunden hat[149]) und dass Kephalos nicht
mehr in Athen lebt. Somit ist sichergestellt, dass in diesem Dialog
der junge Sokrates in authentischer Weise zur Sprache kommt
und nicht ein mit seiner späteren philosophischen Entwicklung
vermischtes Konstrukt.[150] Bei diesem Gespräch fragt Parmenides

den Sokrates: *Bist du aber auch bei solchen Dingen, Sokrates, wo es beinahe lächerlich scheinen könnte, wie z. B. Haar, Kot, Schmutz und dergleichen verächtlichen und gemeinen Dingen in Zweifel, ob man für jedes eine besondere Idee aufzustellen habe, verschieden von dem, was uns davon durch die Hände geht, oder soll das hier nicht so sein? – Durchaus nicht, habe Sokrates gesagt, sondern deren Sein beschränkt sich auf das, was wir sehen; eine besondere Idee für sie anzunehmen, wäre doch gar zu wunderlich. Gleichwohl hat mich schon mehrfach der Gedanke beunruhigt, ob nicht für alle Dinge die nämliche Annahme gelte. Aber stelle ich mich auf diesen Standpunkt, so treibt es mich alsbald wieder fort, denn es befällt mich dann die Furcht, in einen bodenlosen Abgrund von Albernheit zu versinken. Indem ich also wieder zurückkehre zu denjenigen Dingen, für die es unserer Darlegung zufolge Ideen gibt, beschränke ich mich auf die Beschäftigung mit diesen. Du bist noch jung, mein Sokrates, habe da Parmenides erwidert, und noch hat die Philosophie nicht derart von dir Besitz ergriffen, wie sie es meiner Meinung nach noch tun wird, und dann wirst du keines dieser Dinge geringachten; jetzt aber nimmst du noch zuviel Rücksicht auf die Meinungen der Menge infolge deiner Jugend.* (Parm. 130 c – e) Von der logischen Konsequenz her ist natürlich die Annahme von Ideen der genannten Gegenstände gefordert. Doch unübersehbar ist, dass sich dies nicht gut mit der Überzeugung verträgt, die Ideenwelt beanspruche einen höheren Rang als die Erfahrungswelt für sich und jeder Erkenntnisfortschritt bedeute letztlich auch eine moralische Verbesserung. Schließlich führt der Aufstieg, den das Höhlengleichnis zeigt, zur Idee des Guten – und diese Schau legitimiert die Herrschaft des Philosophen im Staat.

Somit gilt es festzuhalten, dass Platon an zwei entscheidenden Stellen vor einer zu unbedachten Ausgestaltung einer Theorie der Ideen warnte, gleichzeitig aber in anderen Dialogen auf die Notwendigkeit der Annahme von Ideen hingewiesen hat. Dieses Dilemma ist offenbar als eine besondere Stärke zu bewerten: «Um so mehr ist Platons Instinkt zu bewundern, der ihn von der Aufstellung einer systematischen Ideenlehre Abstand nehmen und ihn gleichwohl auf die Unverzichtbarkeit der Ideenannahme und auf ihren Inhalt in einer Vielzahl von Gleichnissen, Erwähnungen und anderen Formen indirekter Mitteilung immer wieder hinweisen ließ. Das Scheitern einer Ideenlehre berechtigt niemanden dazu, auf die Annahme von Ideen zu verzichten.»[151]

Man sollte sich klar machen, dass die Ideen Platons keine Abstraktionen oder Hypostasierungen sinnlicher Phänomene oder von Begriffen sind. Nicht die Ideen werden bei Platon verdinglicht, sondern die Dinge werden idealisiert.[152] Es führt auch von der Philosophie Platons ab, wenn die Ideen als die Gedanken (eines) Gottes aufgefasst werden, wie es der Neuplatonismus dachte und das Christentum gerne aufnahm. Die Ideen sind das Seiende, «das nur durch das reine Denken geschaut werden kann»[153]. Sie sind in der Erfahrungswelt nicht auffindbar, sondern bilden an einem *überhimmlischen Ort* (*Phaidr.* 247 c) eine eigene Welt.

Platon bringt mit seiner Ideenlehre eine Tendenz zu einem Höhepunkt, die die griechische Philosophie seit ihren Anfängen bestimmt hatte. Bereits die frühesten Naturphilosophen dachten darüber nach, ob sich nicht hinter der Fülle der sinnlichen Erscheinungen ein ordnendes und umgreifendes Prinzip bestimmen ließe. Und so verfielen diese Denker auf die Vorstellung, dass die ganze Welt letztlich aus einem Stoff hergestellt sei. Thales etwa hat im Wasser diesen Grundstoff gesehen. Letztlich ist es diese Denkbewegung, an die Platon anknüpft. Dagegen ist für ihn Heraklit ein Vertreter einer prinzipiell anders gerichteten Denkweise: Nach der platonischen Interpretation (deren Berechtigung nicht mehr auszumachen ist) befand sich für Heraklit alles im Fluss, und über die sich daraus ergebende Vielfalt der Erscheinungen ließ sich nicht hinauskommen. Einen anderen Akzent setzt die Seinslehre des Parmenides von Elea, nach der die Erfahrungswelt wegen ihrer Vergänglichkeit und ihrer Veränderlichkeit nicht widerspruchsfrei gedacht werden kann und deshalb keine Realität für sich beanspruchen darf, während das Sein absolut, eindeutig und einzig ist. Platons Philosophie ist letztlich aus dem Versuch entstanden, die Philosophie des Heraklit mit der des Parmenides zu harmonisieren. Die Zwei-Welten-Lehre ist das Ergebnis dieses Versuchs: Die Ansicht Heraklits bestimmt die platonische Sinnenwelt, in der sich alles in Veränderung befindet, während das feste Sein, an das Parmenides geglaubt hatte, Eingang in die platonische Ideenlehre gefunden hat. Auch für diese dualistische Konzeption der Welt findet sich mit den beiden anfänglichen Mächten Chaos und Gaia in Hesiods Theogonie eine gewisse Vorstufe.

Scharf sind bei Platon beide Welten getrennt: Der Körperlichkeit steht die Unkörperlichkeit gegenüber; dort mischt sich das Sein mit dem Nicht-Sein, hier ist das Sein in reiner und unverminderter Gestalt; und schließlich unterliegen die physischen Dinge einem fortwährenden Wandel, während die Ideen unveränderbar und ewig sind. Die Ideenlehre Platons ist aus der Einsicht heraus konzipiert, dass sich die sinnlich erfahrbare Welt nur durch eine intelligible Welt erklären lässt. Auf diese Weise rekonstruiert auch Aristoteles die Entstehung der platonischen Ideenlehre: Platon habe in seiner Jugend durch Kratylos und Heraklit die Auffassung kennen gelernt, alles Sinnliche sei im Fluss und deshalb gebe es von diesen Dingen keine Wissenschaft. Sokrates aber habe auf dem Gebiet der Ethik versucht, Definitionen zu finden. Dadurch habe Platon erkannt, dass die Definitionen sich aus einer intelligiblen Welt herleiten müssen, die durch «Teilhabe» mit der sinnlichen verbunden sei.[154] Diesen Begriff der «Teilhabe», das ungeklärte Verhältnis zwischen Idee und Einzeldingen, hat Aristoteles zum Ansatzpunkt seiner Kritik genommen: Er versteht Platon so, dass Ideen und Einzeldinge getrennt voneinander existieren, sodass die empirische Wirklichkeit wesenlos werden und die Wahrheit völlig außerhalb ihrer liegen würde. Nach dieser zugespitzten Interpretation lassen sich in der Tat beide Welten schlecht verbunden vorstellen. Aristoteles macht ferner darauf aufmerksam, dass man «ungefähr ebenso viele oder nicht weniger» Ideen wie Dinge anzunehmen hat, «deren Ursachen erforschend sie eben von diesen sinnlichen Dingen zu jenen fortschritten»[155]. Und hart klingt sein – allerdings ohne direkte Namensnennung vorgebrachtes – Urteil: «Wenn man aber sagt, die Ideen seien Vorbilder und das andere nehme an ihnen teil, so sind das leere Worte und poetische Metaphern.»[156] Das zeige sich schon darin, dass es für den Menschen mehrere Vorbilder oder Ideen geben müsse: das des Lebewesens, des Zweifüßers und des Menschen selbst. Die Ideenlehre wirft noch einige weitere Probleme auf, die teilweise von Platon schon selbst erkannt und in seinen Werken reflektiert worden sind. Bei genauerer Betrachtung zeigt sich jedoch, welchen gedanklichen Fehler alle Einwände gegen die Konzeption Platons begehen: «Sie behandeln die Ideen, die Platon als ‹Ursachen› angesetzt hatte, wie die Dinge, deren Ursache sie sind; d. h. sie setzen die Ursache auf dieselbe Ebene wie das Verursachte herab, mit all den Konsequenzen, die sich aus diesem Irrtum ergeben.» [157]

Die von Platon formulierte Forderung, dass die Gegenstände des Wissens unveränderlich seien, hat die Ideenlehre ebenfalls in Misskredit gebracht. So ist beispielsweise ein unanfechtbares Wissen über das Wetter der letzten Tage möglich, obwohl das Wetter selbst völlig wandelbar ist. Ebenso kann sich jeder seiner eigenen Unvollkommenheit völlig bewusst sein. [158] Schließlich muss kritisch gesehen werden, dass diese Lehre eine Identität zwischen Einsicht und moralischem Aufstieg nahe legt. Wer aus der Höhle tritt, steigt auf zur Idee des Guten, und diese Erkenntnis schließt verkehrtes Handeln aus. Diese Gleichsetzung von Wissen und Handeln ist jedoch höchst problematisch, und die menschliche Geschichte bringt fortwährend ebenso bedauerliche Widerlegungen hervor wie die Biographie jedes Einzelnen.

Mit der Annahme von Ideen lässt sich eine Einheit hinter vielfältigen Erscheinungsformen herstellen. Alle veränderlichen, unvollkommenen, vielgestaltigen Phänomene sind in sich so widersprüchlich, dass sie eine über sie hinausweisende Erklärungsebene erfordern. [159] Der Philosoph ist derjenige, der erkennt, dass sich die Einzelphänomene auf ein oberstes Prinzip zurückführen lassen, während die anderen Menschen sich durch die Vielheit der Erscheinungen verwirren lassen. [160] Es gibt viele gerechte Handlungen, doch die Gerechtigkeit muss eine sein. Immer dann, wenn das Denken eine Einheit in der Vielheit erfasst, konstituiert sich die Annahme einer Idee. Deshalb gibt es nicht nur Ideen von natürlichen Gegebenheiten oder von ethischen Qualitäten, sondern auch von *Erzeugnissen des menschlichen Kunstfleißes* (*Pol.* 510a), außerdem auch von hässlichen, schädlichen und gar bösen Dingen [161], und selbst für Eigenschaften werden Ideen postuliert. Auf diese Weise kommt es zu einer stattlichen Anzahl von Ideen, und damit stellt sich die Frage, in welchem Verhältnis sie zueinander stehen oder ob sich ein allgemeineres Prinzip ausmachen lässt, von dem auch die Ideen abhängen. Jedenfalls gibt es Wechselwirkungen zwischen den Ideen, Unterordnungen, Überlagerungen und Gegensätze. Platon selbst hat die Ideen hierarchisch geordnet und die Ideen von eher spezielleren zu immer allgemeineren aufsteigen lassen und an die Spitze die Idee des Guten gestellt. Auch dies wird jedoch nicht ausführlich dargestellt: Von der Idee des Guten ist nur in der *Politeia* die Rede. Wegen der auffällig hohen Anzahl der Ideen ist es für manche Platon-Forscher schlecht vorstellbar, dass die Ideenwelt bereits die letztgültige metaphysische Begründung gewesen ist. Platon spricht zwar in seinen Dialogen nur über die Ebene der Ideen, doch mit Hilfe der ungeschriebenen Lehre rückt eine weitere Begründungsebene in den Blickpunkt des Interesses. Da er in seiner ungeschriebenen Lehre eine Prinzipientheorie vertreten habe, vermuten manche Forscher, durch ihre esoterische Platon-Interpretation die mit der reinen Ideenlehre aufgeworfenen Probleme beseitigen zu können. Ihr Kern ist die Annahme zweier Prinzipien, aus der sich das Sein herleiten lasse. Das Sein ist demnach eine Zusammensetzung aus Einheit und Vielheit.[162] Allerdings ist es schwer vorstellbar, wie sich diese Zwei-Prinzipien-Lehre mit dem von Platon in seinem Werk mehrfach beschriebenen Aufstieg zu einem Prinzip, der obersten Idee, vereinigen lässt. Einen solchen Aufstieg zeigt das Höhlengleichnis, und auch im *Symposion* wird beschrieben, wie sich das Schöne in verschiedenen Graden manifestiert. Zunächst begegnet einem philosophisch empfänglichen Menschen das Schöne in Gestalt eines anmutigen Körpers. Dann wird er darauf aufmerksam, dass das Schöne eines einzelnen Körpers auch in anderen Körpern wirksam ist. Als Nächstes entdeckt er die geistige Schönheit und erkennt ihr einen höheren Rang zu. Ferner bemerkt er das Schöne in den Gesetzen und den Wissenschaften. Und dabei soll er die Verwandtschaft der jeweiligen Schönheiten untereinander erkennen und die körperlichen gering schätzen. Sein Blick geht immer mehr auf das Allgemeine, weg vom Einzelnen: *Hinaus soll er auf das weite Meer des Schönen und es überschauend viele schöne und herrliche Reden und Gedanken gebären in unerschöpflichem Weisheitstrieb, bis er, hierdurch gekräftigt und herangereift, eine einzige Wissenschaft erschaut, nämlich diejenige, die gerichtet ist auf ein Schönes von folgender Art. [...] Wer nämlich bis hierher gelangt ist als Zögling in der Liebes-*

lehre, der wird bei wohlgeordneter und richtiger Betrachtung des man-
cherlei Schönen, endlich, am Ziele des zu dem Liebenswerten führenden
Weges angelangt, plötzlich ein Schönes von wunderbarer Natur er-
blicken, eben das, [...], auf das alle früheren Bemühungen hinzielten. Zum
ersten ist es ein ewig Seiendes, weder entstehend noch vergehend, weder
zunehmend noch abnehmend, sodann nicht in gewisser Beziehung schön,
in anderer häßlich, auch nicht bald schön, bald wieder nicht, auch nicht
beziehungsweise schön und beziehungsweise hinwiederum häßlich [...],
so daß es die einen schön, die anderen häßlich finden. Natürlich kann
dieses Schöne nicht in irgendeiner konkreten Gestalt, einem Körper, einer
Rede oder einer wissenschaftlichen Erkenntnis erscheinen, vielmehr ist es
rein für sich und mit sich in unabänderlicher Daseinsform verharrend;
alles andere Schöne aber nimmt an jenem in gewisser Weise teil, nämlich
so, dass, während dies Andere entsteht und vergeht, jenes Urschöne kei-
nerlei Wechsel unterworfen ist [...]. (Symp. 210d–211b) Der Anblick
des Schönen beschert dem Menschen ein sonst nicht zu errei-
chendes Glück: *Oder sagst du dir nicht [...], daß es ihm dort und dort*
allein gelingen wird, im Anschauen des Schönen mit seinem geistigen
Auge nicht bloß Schattenbilder der Tugend zu erzeugen – denn er haftet
ja nicht am bloßen Bilde –, sondern die wahre Tugend, denn das, womit
er in Verbindung steht, ist ja die volle Wahrheit. Gebiert er aber die wah-
re Tugend und läßt er sie sich weiter entwickeln, dann ist es ihm beschie-
den, ein Gottgeliebter zu werden und der Unsterblichkeit teilhaftig, wenn
anders sie sonst einem Menschen zuteil wird. (Symp. 212a)

Diese Stelle ist bemerkenswert, denn sie führt die besondere
Empfänglichkeit des Menschen für die Erfahrung von Schönheit
jeder Art aus. Die Idee des Schönen hat also eine herausgehobene
Stellung, indem Schönheit beim Menschen Eros freisetzt und ihn
befähigt, zur Ideenschau aufzusteigen. Andere Gegenstände sind
zwar auch Abbilder der Ideen, doch nur die schönen Dinge können
zwischen Sinnlichem und Geistigem vermitteln: *Doch, wir redeten*
von der Schönheit, wie sie unter jenen Dingen glänzte: hierher gelangt, ha-
ben wir sie mit dem klarsten unserer Organe erfaßt als die am klarsten
strahlende. Ist doch die Sehempfindung der schärfste Eindruck unter al-
len, die uns durch körperliche Vermittlung zukommen. Die Vernunft wird
sinnlich für uns nicht sichtbar: sie würde mächtige Liebeswallungen er-
regen, wenn sie ein entsprechendes klares Bild ihres Wesens darböte, das

zur Anschauung käme. (*Phaidr.* 250cd) Doch da die Idee des Schönen sich auch als sinnliche Erscheinung manifestiert, ist sie in gewisser Weise ambivalent. Nur wessen Seele sich noch klar genug an das Ideenreich erinnert, fühlt sich durch die Wahrnehmung schöner Dinge zu den Ideen hingezogen. Bei denen, deren Seele durch körperliche Einflüsse verdunkelt ist, wird sinnliche und sexuelle Begier ausgelöst.[163] Allerdings lässt Platon auch keinen Zweifel daran, dass die körperliche Schönheit gegenüber der seelischen zweitrangig ist. Nicht zufällig betont gerade das *Symposion* die bemerkenswerte äußere Hässlichkeit des Sokrates und stellt ihr kontrastiv seine innere Schönheit gegenüber.[164] Im Ganzen findet sich bei Platon eine gewisse Leibfeindlichkeit, die in der Rezeption seines Werks, vor allem im Christentum, an programmatischer Schärfe gewann. Im *Phaidon* führt Sokrates aus, dass man ihm, dem Todesnahen, bald nachfolgen soll. Und seine Ermunterung ist so überzeugend, dass eigens dargelegt werden muss, weshalb man sich trotz der propagierten Todesbereitschaft nicht selbst umbringen darf.[165] Oftmals wird mit einem griechischen Wortspiel der Körper mit einem Grabmal verglichen, und an einer Stelle wird gesagt, dass der Mensch in seinen Körper wie die Auster in der Schale eingesperrt sei.[166]

In seinem berühmten Sonnengleichnis vergleicht Platon die Idee des Guten mit der Sonne. Aus der Sonne leitet sich die Sichtbarkeit der beleuchteten Dinge ebenso her wie die Sehfähigkeit des menschlichen Auges, das hier das sonnenartigste von allen Sinnesorganen genannt wird.[167] Demnach bewirkt die Idee des Guten die Erkennbarkeit der Dinge und die Fähigkeit zur Erkenntnis durch die Vernunft: *So denke dir denn auch das Verhältnis der Seele folgendermaßen:*

> Wär nicht das Auge sonnenhaft,
> Die Sonne könnt' es nie erblicken;
> Läg' nicht in uns des Gottes eigne Kraft,
> Wie könnt' uns Göttliches entzücken?
> **Johann Wolfgang von Goethe**

wenn sie fest gerichtet ist auf das, worauf das Licht der Wahrheit und des Seienden fällt, dann erfaßt und erkennt sie es und scheint im Besitz der Vernunft zu sein; wenn aber auf das mit Finsternis Gemischte, das Entstehende und Vergehende, dann fällt sie dem bloßen Meinen anheim, wird stumpfsichtig, wirft die Meinungen herüber und hinüber und

Herakles beim Mahl im Olymp, von Athena begrüßt. Attische Bauchamphora, 6. Jahrhundert v. Chr. In dieser mythischen Figur drückt sich bereits das menschliche Streben zum Höchsten aus.

macht nunmehr den Eindruck, als sei sie aller Vernunft bar. (*Pol.* 508 d) Und ebenso wie die Sonne die Dinge wachsen lässt, verleiht die Idee des Guten den Dingen ihr Sein, sie hat also urschöpferische Kraft[168] und ragt dadurch über die Ebene des Seins hinaus. Ja, mehr noch: Sie macht gerechte und andere Handlungen erst heilsam und nützlich, denn äußere Güter oder Kenntnisse sind nicht als solche wertvoll, sondern sie werden es erst durch den richtigen Gebrauch, der sich von ihnen machen lässt.[169] Wer deshalb glaubt, die Annahme von Ideen würde den Blick auf die intelligible Welt weg von der alltäglichen Erfahrungswelt lenken, hat das Wesen der platonischen Ideen nur zur Hälfte verstanden. Denn die Idee des Guten wirkt ja durch ihre Funktion und ihr Wesen in die diesseitige Welt hinein: «Sie ermöglicht es, eben dieser wirklichen Welt gerecht zu werden. Denn wer sich an der Idee des Guten zu

orientieren vermag, hat damit zugleich Kenntnis von dem, was er
im Grunde will. Damit ist es auch möglich zu erkennen, was
einem wirklich und nicht nur scheinbar nützt.»[170] Die Ideen wirken auch auf den Philosophen, der bis zur Ideenschau vorgestoßen ist, zurück: er wird dadurch den Ideen und dem Göttlichen
ähnlich. Platon wendet sich auf diese Weise betont von der archai-
schen Gesinnung ab. Immer wieder wurde in dieser Epoche die
Mahnung ausgesprochen, dass der Mensch nur Menschliches denken dürfe. Und auch die berühmte Aufschrift auf dem Apollon-

Tempel in Delphi («Erkenne dich selbst») besagte konkret, dass man sich seiner Eigenschaft als Mensch bewusst sein solle. Platon eröffnet jedoch nun auch den Zugang zu einem Denken, das gerade auf das Unsterbliche und Göttliche zielte.

DIE DIALEKTIK ALS METHODE DER ERKENNTNIS

Platons Ideenlehre hat eine besondere erkenntnistheoretische Konsequenz; die Annahme unveränderlicher Ideen, die im Gegensatz zur veränderlichen Wirklichkeit der Sinnenwelt stehen, berechtigt dazu, scharf zwischen Wissen und Meinung zu trennen. Meinungen sind veränderlich, nur das Wissen steht fest. Da das Wissen nicht lediglich eine fundiertere Meinung ist, sondern mit ihm tatsächlich eine andere Ebene der Erkenntnis erreicht ist, stellt sich die Frage, wie der Mensch es überhaupt erkennen kann. Platon hat hierzu die Anamnesis-Lehre geschaffen, nach der die Seele schon existiert hat, bevor sie in einen Körper versetzt wurde. Bei der Verbindung mit einem Körper vergisst die Seele jedoch ihr vorher erworbenes Wissen und muss in ihrer neuen Existenzform versuchen, durch Wiedererinnerung sich dieses Wissen zu vergegenwärtigen. Der Erinnerungsprozess wird durch das Denken in Gang gesetzt, wobei die Störung der Verstandeskräfte durch den Körper möglichst gering gehalten werden muss. Platon hat für das methodische Vorgehen des Denkens die Dialektik entwickelt, die für ihn die einzige Wissenschaft ist, die Wissen ermöglicht.[171] In ihr erfüllt sich das eigentliche Bemühen der Philosophie. Sie ist reines Denken ohne jegliche Mitwirkung sinnlicher Methoden und führt an das Ziel des Denkbaren.[172] Im Vergleich zu ihr sind die anderen Wissenschaften, auch die mathematischen, lediglich

Fertigkeiten; sie stehen darin hinter der Dialektik zurück, dass *ihre Betrachtungsweise sie nicht aufwärts zu dem Ersten und Obersten führt, sondern sich auf bloße Voraussetzungen stützt,* über die sie keine Rechenschaft geben können. (*Pol.* 511cd) Eben deshalb träumen diese Wissenschaften nur über das Seiende und gelangen nicht zu einer wachenden Schau.[173] Allerdings bedient sich die Dialektik bei ihrem Bemühen, mit den bloßen Voraussetzungen aufzuräumen und zum Anfang selbst vorzudringen dieser Künste *als Mithelferinnen und Mitarbeiterinnen am Werke der Seelenumwendung* (*Pol.* 533 d). Gegenstand der Dialektik sind nicht die sichtbaren, sinnlichen Erscheinungen, sondern die dahinter verborgenen unsichtbaren Ideen: Deshalb krönt sie wie *ein Schlußstein den ganzen Bau des Wissens [...], so daß kein anderes Wissensfach mit Fug mehr aufgesetzt werden kann, sondern hier die Grenze für alles, was Wissen heißt, erreicht ist* (*Pol.* 534 e). Sätze, die mit der dialektischen Methode gefunden worden sind, sind deshalb Wesensaussagen.

Der grundlegende Unterschied zwischen den anderen Wissenschaften und der Dialektik liegt im Umgang mit den anfänglichen Definitionen, den Voraussetzungen, auf denen die weiteren Erkenntnisse jeweils basieren. Während jeder andere Forscher diese Voraussetzungen nicht in Frage stellt, sondern mit ihnen aus pragmatischen Gründen arbeitet, zielt die Dialektik gerade darauf ab, sie aufzuheben. Sie versucht zum Voraussetzungslosen, gewissermaßen zum Anfang vorzudringen, aus dem sich alles Übrige herleitet.[174] Der Anspruch der Dialektik ist demnach ein absoluter, sie stellt jede vorgegebene Definition radikal in Frage. Deshalb scheint sie ohne jede Möglichkeit der konkreten, Nutzen stiftenden Anwendung zu sein, ja schlimmer noch, sie wirkt für die Gemeinschaft, die auf verbindliche Normen und Gesetze angewiesen ist, höchst irritierend und gefährdend. Die Ablehnung des Sokrates durch seine Mitbürger hat diesen Zusammenhang exemplarisch erfahrbar gemacht.

Platon hat deshalb das Studium der Dialektik nur ausgewählten Schülern ermöglichen wollen und den Zugang zum Erwerb dieser Methode an den Nachweis hoher Qualifikationen und das Erreichen eines schon höheren Alters geknüpft.[175] Gerade weil die Dialektik die Voraussetzungen des Wissens aus den Angeln hebt, kann sie leicht missbräuchlich angewendet werden: sie kann in eristischer Disputierkunst eingesetzt werden oder bewirken, dass ein noch nicht hinreichend im Philosophieren gefestigter Charakter durch sie schließlich gar nichts mehr von dem glaubt, was er früher für richtig hielt.[176] Auch die Schriftkritik soll einen missbräuchlichen Gebrauch der Dialektik verhindern, indem sie ja möglichst ausschließt, dass das höchste philosophische Wissen an ungeeignete Personen gelangt.

Platons Nachwirkung

Platon selbst hatte den Willen, eine Tradition zu begründen. Er organisierte eine Stiftung, der er die Bewahrung seines materiellen Besitzes und seines geistigen Erbes vermachte. Der weitere Verlauf der Philosophiegeschichte erwies jedoch, wie schwierig, ja wie undurchführbar es letztlich war, diesem testamentarischen Wunsch gerecht zu werden. Verantwortlich war eine Eigenart seines Werkes, das die institutionelle Verwaltung nahezu ausschloss: das Fehlen jeder Systematik und die Unmöglichkeit, es in festen Lehrsätzen zusammenzufassen. Seine Schule, die Akademie, musste sich immer wieder darüber verständigen, in welchem Aspekt sie das Zentrum der platonischen Philosophie sehen und welches ihr eigenes Selbstverständnis sein sollte: Hielt man die Aporetik der Frühdialoge für das Entscheidende oder die in den späteren Dialogen auftretende Tendenz, ein bestimmtes Wissen zu vermitteln? Neigte man eher zu der Weltflucht des *Phaidon* oder mehr zu dem Staatsdenken der *Politeia*? Fühlten die Akademiker sich in Anlehnung an den *Timaios* als Kosmologen oder – als Zeugen der esoterischen Philosophie Platons – mehr als Ontologen?

Was später «Platonismus» heißen sollte, darf nicht als Schule im engeren Sinn verstanden werden. Dafür sind die jeweiligen Bemühungen, das Erbe Platons zu verwalten, zu unterschiedlich ausgefallen. Die beiden ersten Leiter der Akademie nach Platon, Speusippos (gest. ca. 339 v. Chr.) und Xenokrates (gest. 315/14), haben erstmals den Versuch unternommen, die Lehre Platons in ein System zu bringen – ein Vorgang, der zwangsläufig eine gewisse dogmatische Tendenz mit sich brachte. Ein weiterer berühmter Platonschüler, Aristoteles, verließ nach dem Tod seines Lehrers die Akademie und entwickelte aus seiner Kritik an Platon eine eigene Philosophie.

Mit Arkesilaos (ca. 316–241) begann eine neue Periode des Platonismus: Er nahm die platonische Aporetik betont auf und stand für eine ausgesprochen skeptische Haltung. Er verzichtete

Platons Akademie (?). Mosaik aus einer Villa
bei Torre Annunziata, 1. Jahrhundert n. Chr.

wie Sokrates auf jede schriftliche Darstellung und riet apodiktisch
dazu, sich jedes Urteils zu enthalten.

So sehr Platon in der Akademie geschätzt und verehrt wurde,
in hellenistischer Zeit herrschte einhellig harsche, oftmals feind-
selige Kritik vor. Bis zum 1. Jahrhundert v. Chr. ist keine einzige
Äußerung außerhalb seiner Schule erhalten geblieben, in der Platon positiv gesehen worden wäre. Erst mit dem Stoiker Panaitios
(ca. 180–110) ist eine große Wertschätzung für Platon bezeugt;
nach Cicero hat er ihm sogar den Ehrentitel «der Göttliche» und
«der Homer der Philosophie» verliehen.[177]

In steigendem Maß konnten mit dem Namen Platon ganz
unterschiedliche Denkansätze bezeichnet werden: Bereits die An-

tike hat wenig zwischen der Weiterentwicklung und Interpretation der platonischen Philosophie durch die Akademiker und dem genuinen Platon unterschieden. Auch der bis in das Mittelalter sehr folgenreiche Neuplatonismus, der von Plotin (ca. 203–270) begründet wurde, ging mit Platon ein kaum zu trennendes Gemisch ein: Über mehr als ein Jahrtausend wirkte der Platonismus nur in dieser Ausformung nach, obwohl Platon von ihm deutlich verfremdet wurde. So ging etwa die weltzugewandte Aktivität seines Denkens zugunsten einer kontemplativen Ausrichtung verloren. Neben Plotin haben Porphyrios (ca. 234–301) und Proklos (411–485) dieser Lehre Kontur gegeben.

Platons Werk wurde in der reichhaltigen Wirkungsgeschichte nie im Ganzen aufgegriffen. Bedenkt man, wie viele unterschiedliche philosophische Grundfragen und Forschungsrichtungen sich allein aus seiner *Politeia* herleiten, ist dies auch nicht verwunderlich. Jahrhundertelang galt er ausschließlich als Schöpfer einer Kosmologie; der *Timaios* wurde lange Zeit als sein Hauptwerk angesehen. Dieses Werk hatte im 1. Jahrhundert v. Chr. ein wichtiges Monopol inne: Die Philosophie, die über zwei Jahrhunderte zuvor betrieben wurde, erfasste den Menschen und seine Bestimmung allein aus sich selbst und kannte nur eine anthropozentrische Ethik. Das neu erwachte Interesse an der Stellung des Menschen im Kosmos und an der Wirkung kosmischer Kräfte auf ihn ließ sich allein aus dem *Timaios* befriedigen. Natürlich sind auch andere Ansätze seiner Philosophie äußerst wirkungsmächtig geworden: Seine Ideenlehre hat als ontologisches und erkenntnistheoretisches Modell gewirkt. Bis zu den Staatsdenkern der Neuzeit haben seine staatstheoretischen Schriften eine intensive Rezeption erfahren. Platon galt als Vorbild für die Abkehr von der Welt. Und nicht zuletzt hatte seine Schulgründung, die Akademie, Modellcharakter für spätere Formen gemeinsamen Philosophierens.

Die spätantike Geistesgeschichte ist ohne den Platonismus nicht zu begreifen. Jede philosophische, theologische oder auch religiöse Strömung ist stark von ihm geprägt. Das gilt bald nicht nur für inhaltliche Anstöße, sondern auch für das methodische Vorgehen des philosophischen Denkens. Das Christentum griff gerne auf platonische Elemente zurück. Seine Konzeption eines über die irdische Welt erhabenen Gottes legte diese Aufnahme nahe. Denn die platonischen Kategorien boten sich geradezu an, einen solchen Gott adäquat zu beschreiben: Durch sie wurde es erst möglich, Gott als rein geistiges Wesen zu denken und anthropomorphe und materialistische Relikte vollends zu beseitigen. Der Rückgriff auf Platon erwies sich auch in den zahlreichen theologischen Auseinandersetzungen, in die sich die junge Kirche mit Juden, Irrlehrern und Anhängern des alten heidnischen Glaubens verstrickte, als sehr hilfreich. Die christlichen Apologeten fanden jedenfalls in den platonischen Schriften ein reiches Reservoir an Argumenten.

Der Neuplatonismus wurde die führende philosophische Richtung der Spätantike. Ihre Vertreter definierten sich zwar betont als Nichtchristen, doch sahen christliche Denker wie Clemens von Alexandrien (gest. vor 215) und Origines (185 – 253 / 54) in den «Platonikern» ihre nächsten Geistesverwandten. Die Lehren vom Demiurgen und einer Welt aus Ideen ließen sich gut in das christliche Weltbild integrieren, indem sie als «präexistierender Schöpfungsplan» verstanden wurden.[178] Auch die Nähe des *Timaios* zu dem biblischen Schöpfungsbericht wurde als sehr groß empfunden. Der Mittelplatoniker Numenios (2. Hälfte 2. Jh. n. Chr.) hält Platon deshalb für einen attisch sprechenden Moses. Besonders die Auffassung, dass die Welt ein Bild ihres Schöpfers sei, dass die Erscheinungsweisen der Welt und des Lebens sinnvoll seien und dass es eine Analogie zwischen den Bewegungen der Sterne und der *Umläufe in unserem eigenen Gedankenreiche* (*Tim.* 47 d) gebe, hat stark nachgewirkt.

Diese recht weit gehende Adaptation wurde jedoch durch die sich allmählich verschärfende Spannung zwischen Neuplatonismus und Kirche unterbrochen. Nach der Überwindung der Gnosis war jedenfalls der Platonismus der einzige nennenswerte Gegner, der dem Christentum die Vorherrschaft in der geistigen Auseinandersetzung streitig machen konnte. Bei Augustinus (354 – 430) findet sich ein eher ambivalentes Verhältnis zum Platonismus; Parallelen wurden zu seiner Zeit nur noch zögerlich und unter Vorbehalt gezogen. Doch hat sich Augustinus – oftmals unter etwas gewaltsamer Einseitigkeit – immer wieder gerne auf Platon gestützt.

Im Mittelalter fiel Aristoteles weit höheres Gewicht zu als Platon. Die sehr eingeschränkte Zugänglichkeit seiner Werke erschwerte die Rezeption: Im lateinischen Westen war von seinen Werken lediglich der *Timaios* (auch das nur zum Teil, nämlich bis 53 c) bekannt. Petrus Abaelard (1079–1142) etwa klagte, er könne die Kritik des Aristoteles an Platon nicht überprüfen, weil ihm die platonischen Werke nicht zugänglich seien. Erst ab der Mitte des 12. Jahrhunderts werden weitere Texte übersetzt. Ansonsten hielt die besondere Wertschätzung des Mittelalters für Augustinus und Boethius (ca. 480–524) platonische Gedanken nur indirekt präsent; allerdings sind die Darstellungen beider Autoren durch eigene Argumentationsinteressen gelenkt, und ihre Kenntnis Platons ist selbst schon vermittelt, da sie sich vor allem aus dem Neuplatonismus speist. Wie gegenwärtig Platon jedoch auch im Mittelalter

war, bezeugt unter anderem der berühmte Universalienstreit, der das Problem zu lösen versuchte, ob allgemeine Bestimmungen wie zum Beispiel «Mensch» real oder bloß gedacht sind. Die Anhänger des Universalien-Realismus bezogen die Position der Ideenlehre, allerdings ohne eine direkte Herleitung aus Platon vorzunehmen.

In der überaus großen Wertschätzung des Renaissance-Zeitalters für Platon zeigt sich auch seine Abkehr vom Mittelalter. Petrarca (1304–1374) etwa rief dazu auf, Platon und nicht Aristoteles zum geistigen Führer zu erheben. Mit dem Namen Platon verband sich programmatisch die Überwindung der mittelalter-

Die Schule von Athen. Fresko von Raffael, 1508 – 1511.
In der Mitte diskutiert Aristoteles mit einem weißbärtigen Mann,
der Platon darstellen soll, dem Raffael aber die Züge Leonardo da
Vincis verlieh.

lichen Scholastik. In einer gewissen Einseitigkeit charakterisier-
ten die Humanisten Aristoteles als diesseitigen, der Welt zuge-
wandten Philosophen, während Platon auf die intelligible Welt
hinweist. Diese Sichtweise kommt in dem Fresko Raffaels «Die
Schule von Athen» in der Stanza della Segratura des Vatikan zum
Ausdruck.

Das neu entfachte Interesse an Platon bewirkt auch endlich die Zusammenstellung einer bislang fehlenden Werkausgabe: Giovanni Aurispa (1369–1459) legte 1423 die erste vollständige griechische Ausgabe im Westen vor. Zahlreiche Einzelübersetzungen waren die Folge. Schließlich erschien 1484/85 in Florenz die erste vollständige lateinische Übersetzung durch Marsilio Ficino (1433–1499). In der Einleitung seines *Symposion*-Kommentars nennt er Platon den Vater der Philosophie. Ficino war es auch, der in Florenz ein an Platon orientiertes Bildungsprogramm einführte (Accademia Platonica). Zur Blüte des Platonismus in der italienischen Renaissance trugen auch Pico della Mirandola (1463–1494), Giordano Bruno (1548–1600) und Tommaso Campanella (1568–1639) entscheidend bei; als deutscher Vertreter des Platonismus ragt Nikolaus von Kues (1401–1464) hervor. Die platonischen Dialoge regten auch die Humanisten dazu an, diese literarische Form aufzugreifen und zu pflegen. Die hieraus erwachsene Dialog-Produktion belegt, dass Platon nun auch in seinen literarischen Qualitäten gewürdigt wurde. Fruchtbar für die Platon-Rezeption war die Anknüpfung von Thomas Morus (1478–1535) an Platons *Politeia* und die *Nomoi*. Platon führte auch zu einer besonderen Wertschätzung der Mathematik. Galilei stützte sich bei seinem Versuch, die Bewegungsgesetze mathematisch zu formulieren, auf Platon. Und Kepler zog den *Timaios* heran, als er die Konstruktionsgesetze des Sonnensystems erforschte.

Seit dem 17. Jahrhundert entfernt sich das neuzeitliche Denken von Platon. Neue Richtungen wie Empirismus, Materialismus, Psychologismus, Behaviorismus, Positivismus und Relativismus stehen im Gegensatz zu jeder idealistischen Weltauffassung und zeugen von der Ablehnung, hinter den Fakten eine höhere Welt zu vermuten. Aber immer dann, wenn man einer irgendwie gearteten Ideenwelt den Vorrang vor der Dingwelt einräumen wollte, finden sich betonte Rückgriffe auf platonisches Denken.

Goethe hatte von Platon sehr viele Anregungen erhalten und äußert immer wieder seine Begeisterung für seine Philosophie; bei der Verteidigung seiner Farbenlehre sieht er in ihm einen prominenten Fürsprecher seiner Anschauung. Allerdings hat das Staats-

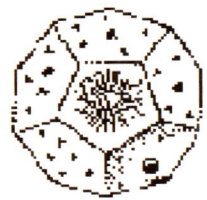

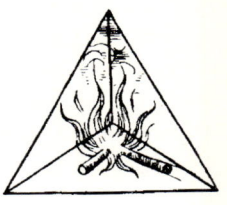

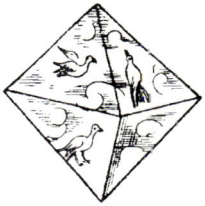

Die platonischen Körper in der Zuordnung zu den antiken Elementen. Aus der «Harmonices Mundi» von Johannes Kepler, Linz 1619

denken Platons im 18. Jahrhundert deutliche Kritik erfahren. Kant lehnt die These ab, dass die Könige Philosophen werden sollen.

Ab dem 18. Jahrhundert wurden verstärkt Versuche unternommen, den historischen Platon zu rekonstruieren. Besonders Schleiermacher (1768–1834) hat den Anspruch erhoben, nur das Werk Platons als maßgebliche Quelle gelten zu lassen. Er hat die Dialoge Platons absolut gesetzt und damit für lange Zeit eine unvoreingenommene Interpretation der Schriftkritik und eine Erforschung des esoterischen Platon blockiert. Trotz aller seiner Verdienste, die sich Schleiermacher vor allem durch seine vollständige Platon-Übersetzung erworben hat, sehen die Anhänger der esoterischen Platon-Deutung in ihm den Archegeten eines einseitigen Platon-Bildes.

> Daß Könige philosophieren oder Philosophen Könige würden, ist nicht zu erwarten, aber auch nicht zu wünschen, weil der Besitz der Gewalt das freie Urteil der Vernunft unvermeidlich verdirbt. Daß aber Könige oder königliche (sich selbst nach Gleichheitsgesetzen beherrschende) Völker die Klasse der Philosophen nicht schwinden oder verstummen, sondern öffentlich sprechen lassen, ist beiden zu Beleuchtung ihres Geschäfts unentbehrlich […]
>
> Kant: Zum ewigen Frieden

Platon hat überall in der Philosophiegeschichte Spuren hinterlassen. Im Grunde lassen sich alle relevanten philosophischen Probleme aus ihm herleiten. Indem Nietzsche seine eigene Philosophie als «umgedrehter Platonismus» charakterisiert[179], steht auch er ex negativo in dieser Tradition. A. N. Whitehead hat es in seiner oft zitierten Formulierung so ausgedrückt: «Die philosophische Tradition Europas [...] besteht aus einer Folge von Fußnoten zu Platon.»[180]

ANMERKUNGEN

Platon wird nach der dreibändigen Ausgabe von Henricus Stephanus, Genf 1578 zitiert. Die gängigen Platon-Ausgaben verzeichnen fortlaufend die Seitenzahl der Stephanus-Ausgabe und den Randbuchstaben (a – e), sodass jedes Zitat schnell auffindbar ist. Im darstellenden Teil wird Platon mit geringen Abweichungen nach der Übersetzung von O. Apelt, Leipzig 1916 – 1926, Nachdruck Hamburg 1988, zitiert.
Die Fragmente der Vorsokratiker und Sophisten werden nach der Ausgabe von H. Diels und W. Kranz: Die Fragmente der Vorsokratiker (Griech. u. Deutsch). 3 Bde. Berlin [16] 1972 (abgek. DK) zitiert. Der Anonymus Iamblichi ist ein unbekannter Moralist des 5. Jahrhundert v. Chr.; er wurde in einer Schrift des Neuplatonikers Iamblich entdeckt.

Abkürzungsverzeichnis der zitierten Werke Platons:

Apol.	Apologie
Euthyd.	Euthydemos
Euthyphr.	Euthyphron
Gorg.	Gorgias
Hipp. mai., min.	Der größere, kleinere Hippias
Men.	Menon
Parm.	Parmenides
Phaid.	Phaidon
Phaidr.	Phaidros
Pol.	Politeia
Polit.	Politikos
Prot.	Protagoras
Soph.	Sophistes
Symp.	Symposion
Theait.	Theaitetos
Tim.	Timaios

1 M. Suhr: Platon. Frankfurt a. M. 1992, S. 34
2 Vgl. Chr. Meier: Die Entstehung des Politischen bei den Griechen. Frankfurt a. M. [3] 1995, S. 455 f. und Demokrit 68 B 119 DK
3 Thukydides 1, 70,2 – 7. Die Übersetzung folgt unter geringfügigen Änderungen der von G. P. Landmann: Thukydides. Geschichte des Peloponnesischen Krieges. Zürich, München 1976 u. München 1991
4 T. Buchheim: Die Sophistik als Avantgarde normalen Lebens. Hamburg 1986, S. 97
5 Buchheim, S. 79
6 Thuk. 3,38,4 – 7
7 Thuk. 3,42,4
8 Thuk. 2,65,7
9 Pseudo-Xenophon: Athenaion Politeia 1,14. In: E. Kalinka: Die pseudo-xenophontische Athenaion Politeia. Einleitung, Übersetzung, Erklärung. Leipzig 1913
10 Thuk. 5,105,2
11 Thuk. 6,18,3
12 Thuk. 6,85,1
13 Thuk. 3,82,3 – 7
14 Apol. 34 a und 38 b; Phaid. 59 b
15 Diogenes Laertios: Leben und Lehre der Philosophen 3,26
16 Apol. 32 e – 33 b
17 Siebter Brief 328 c. Der Brief ist an Freunde und Vertraute Dions gerichtet, er ist der berühmteste der unter Platons Namen erhaltenen Briefe.
18 Cicero: De re publica (Über den Staat) 1,16; De finibus bonorum et malorum (Über das höchste Gut und das größte Übel) 5,87
19 Siebter Brief 327 ab
20 Cicero: De finibus. 5,1 – 2
21 Pausanias 1,30,3
22 Th. A. Szlezák: Platon lesen. Stuttgart-Bad Cannstatt 1993, S. 124 f.
23 K. Trampedach: Platon, die Akademie und die zeitgenössische Politik. Stuttgart 1994, S. 169
24 O. Höffe (Hg): Platon Politeia. Berlin 1997, S. 16

25 H. Görgemanns: Platon. Heidelberg 1994, S. 56
26 Diogenes Laertios 3,56–62
27 Nomoi 801 f.
28 Pol. 378
29 Pol. 599ab
30 Pol. 599c–e
31 Pol. 388d
32 Pol. 605de
33 Vgl. M. Fuhrmann: Dichtungstheorie der Antike. Darmstadt ²1992, S. 75
34 Ion 532bc
35 Fuhrmann, S. 77–81
36 Siebter Brief 344
37 Siebter Brief 344de
38 Phaidr. 276e
39 W. Wieland: Platon und die Formen des Wissens. Göttingen 1982, S. 27
40 T. Borsche: Die Notwendigkeit der Ideen: Politeia. In: T. Kobusch, B. Mojsisch (Hg.): Platon. Seine Dialoge in der Sicht neuer Forschungen. Darmstadt 1996, S. 97
41 W. Kullmann: Hintergründe und Motive der platonischen Schriftkritik. In: W. Kullmann, M. Reichel (Hg.): Der Übergang von der Mündlichkeit zur Literatur bei den Griechen. Tübingen 1990, S. 325
42 Szlezák: Platon lesen, S. 77
43 Ebd.
44 T. A. Szlezák: Platon und die Schriftlichkeit der Philosophie. Berlin, New York 1985, S. 46
45 Phaid. 63b
46 Apol. 39eff.; Szlezák: Platon und die Schriftlichkeit, S. 250ff.
47 Phaidr. 257a
48 Phaidr. 277a; Szlezák: Platon und die Schriftlichkeit, S.20
49 Szlezák: Platon und die Schriftlichkeit, S. 26
50 Phaidr. 276bc
51 Wieland, S. 24ff.
52 Polit. 295b–e
53 Nomoi 876cd
54 Nomoi 875c
55 Nomoi 751ab

56 Wieland, S. 34
57 Ebd. S. 35
58 Vgl. Wieland, S. 41
59 H.-J. Krämer: Die platonische Akademie und das Problem einer systematischen Interpretation der Philosophie Platons. In: K. Gaiser (Hg.): Das Platonbild. Hildesheim 1969, S. 207
60 Aristoteles: Phys. IV 2.209b11–17
61 Szlezák: Platon und die Schriftlichkeit, S. 329
62 Kullmann, S. 331
63 Ebd. S. 332
64 Szlezák: Platon und die Schriftlichkeit, S. 401
65 Ebd. S. 403
66 Ebd. S. 328
67 Euthyd. 291b
68 Apol. 19e, Prot. 310d, Hipp. mai. 281b
69 Prot. 328b
70 Prot. 318a
71 Protagoras 80 B 1 DK
72 Theait. 171bc
73 Pol. 438eff.
74 Pol. 586bc
75 K. Bormann: Platon. Freiburg, München 1973, S. 105
76 Gorg. 455a
77 Vgl. H. Niehues-Pröbsting: Überredung zur Einsicht. Frankfurt a. M. 1987, S. 90
78 Gorg. 469
79 Gorg. 491de
80 Gorg. 481d
81 Cicero: De oratore (Über den Redner) 1,233
82 Niehues-Pröbsting, S. 81 f.
83 Gorg. 502e–503a
84 Gorg. 503b
85 Gorg. 515aff.; vgl. Men. 94b–e
86 Vgl. Niehues-Pröbsting, S. 59
87 Theait. 176bff.
88 Phaid. 99e
89 Symp. 199b
90 Niehues-Pröbsting, S. 162
91 Symp. 177d
92 Symp. 200bff.
93 R. Rehn: Der entzauberte Eros:

Symposium. In: Kobusch /
Mojsisch: Platon, S. 88
94 Phaidr. 259 eff.
95 Niehues-Pröbsting, S. 187
96 Ebd. S. 20
97 Ebd. S. 37
98 Phaidr. 274 a
99 Phaidr. 261 ab
100 Trampedach, S. 168
101 K. Jaspers: Die großen Philosophen. Erster Band. München 1988,
S. 305
102 Trampedach, S. 189
103 Pol. 351
104 Pol. 360 c
105 Pol. 361 e – 362 a
106 Pol. 365 bc
107 Pol. 368 e – 369 a
108 Pol. 423 b
109 Pol. 487 cd
110 Pol. 493 a – c
111 Pol. 420 b
112 Pol. 422 a
113 Pol. 457 cd
114 Pol. 460 c
115 Jaspers, S. 303
116 Pol. 452 a
117 Pol. 540 c
118 Nomoi 805 ab
119 Trampedach, S. 204
120 Pol. 485
121 Pol. 486 b
122 Pol. 535 b
123 Pol. 587
124 Trampedach, S. 192
125 Pol. 425 b – e
126 T. A. Szlezák: Das Höhlengleichnis. In: Höffe: Platon, S. 207
127 Pol. 540 a
128 Trampedach, S. 199
129 Szlezák, in: Höffe: Platon,
S. 219
130 Pol. 488
131 Pol. 347 b – e
132 Ari. Pol.II,5,1264 a 1 ff.
133 Polybios 6,47, 7 – 10
134 Aristoteles, Politik II, 2, 1261 a
15 ff. Übersetzung nach:
Aristoteles: Politik, nach der Übersetzung v. Fr. Susemihl. Reinbek
1994
135 Aristoteles: Politik, II,3,
1261 b 33 ff.
136 Höffe: Platon, S. 357 f.
137 Nomoi 716 c
138 Nomoi 743 c
139 Nomoi 775 a
140 Nomoi 774 a
141 Nomoi 950 dff.
142 Nomoi 853 b
143 Nomoi 860 de
144 Phaid. 99 cd
145 G. Reale: Zu einer neuen Interpretation Platons. Paderborn u. a.
1993, S. 148
146 Wieland, S. 97
147 Soph., 246 aff.; vgl. Wieland,
S. 112
148 Parm. 130 e
149 Parm. 126 e
150 Wieland, S. 113
151 Ebd., S. 124
152 Ebd., S. 144
153 Bormann, S. 50
154 Aristoteles: Metaphysik, A,6,
987 a, 32 ff.
155 Ebd., A,9, 990 b. Übersetzung
nach: Aristoteles. Philosophische
Schriften 5: Metaphysik. Übers. v.
H. Bonitz. Hamburg 1995
156 Aristoteles: Metaphysik A,9,
991 a
157 Reale, S. 303
158 G. Patzig: Platons Ideenlehre,
kritisch betrachtet. In: Antike und
Abendland 16 (1970), S. 113 ff.
159 Reale, S. 182
160 Ebd., S. 176
161 Parm. 130 c – e
162 Reale, S. 208
163 Niehues-Pröbsting, S. 180
164 Symp. 215 ab
165 Phaid. 61 dff.
166 Phaidr. 250 c
167 Pol. 508 b
168 Pol. 509 b
169 Wieland, S. 179
170 Ebd., S. 185
171 Pol. 511 b
172 Pol. 532
173 Pol. 533 b
174 Pol. 511 b – d

175 Pol. 539bff.
176 Pol. 539bc
177 Cicero: Tusculanae disputationes (Gespräche in Tusculum) 1,79
178 Görgemanns, S. 167
179 Vgl. Fr. Nietzsche: Nachgelassene Fragmente Ende 1870 – April 1871; 7, 156. In: Fr. Nietzsche: Sämtliche Werke. Hg. v. G. Colli u. M. Montinari. Berlin, New York 1967 – 1977, Bd. 7, S. 199
180 A. N. Whitehead: Process and reality. New York 1929, S. 63

ZEITTAFEL

ZEUGNISSE

Aristoteles

Denn die Ideen mögen sich wohl gehabt. Denn sie sind nur ein leeres Wortgeklingel, und gäbe es sie auch, für die Begründung wären sie vollständig bedeutungslos, da die Beweise es mit den sinnlich wahrnehmbaren Dingen zu tun haben, die uns umgeben.

Lehre vom Beweis oder Zweite Analytik

Aristoxenos

Vielleicht ist es besser, vorher zu entwickeln, in welche Richtung die Abhandlung geht, damit wir, wenn wir gleichsam einen Weg, auf dem gegangen werden soll, vorher kennen, leichter wandern, wohl wissend, auf welchem Wegabschnitt wir uns befinden und nicht, ohne daß wir es selbst merken, eine falsche Vorstellung von der Sache haben. So – erzählte Aristoteles immer – sei es den meisten ergangen, die bei Platon die Vorlesung über das Gute hörten. Denn jeder sei in der Meinung dorthin gegangen, etwas von dem zu erfassen, was man für menschliche Güter hält, wie Reichtum, Gesundheit, Kraft, überhaupt eine wunderbare Glückseligkeit. Als dann aber die Ausführungen über Mathematik und Zahlen, über Geometrie und Astronomie und schließlich darüber, daß das Gute Eines ist, zum Vorschein kamen, da kam das ihnen, glaube ich, als etwas ganz und gar Sonderbares vor. Da verachteten die einen das Ergebnis ein wenig, die anderen tadelten es.

Harmonische Anfangsgründe

Augustinus

Hätten Plato und Porphyrius sich über die besonderen Lehrmeinungen, die jeder von ihnen vertrat, aussprechen können, wären sie vielleicht Christen geworden.

Vom Gottesstaat, 413–426

Gotthold Ephraim Lessing

Daß Sokrates ein Prediger der Wahrheit sei, sollten auch seine Feinde bezeugen, und wie hätten sie es anders bezeugen können, als daß sie ihn töteten? Nur wenige von seinen Jüngern gingen den von ihm gezeigten Weg. Plato fing an zu träumen, und Aristoteles zu schließen.

Gedanken über die Herrenhuter, 1750

Johann Wolfgang Goethe

Plato verhält sich zu der Welt wie ein seliger Geist, dem es beliebt, einige Zeit auf ihr zu herbergen. Es ist ihm nicht sowohl darum zu tun, sie kennenzulernen, weil er sie schon voraussetzt, als ihr dasjenige, was er mitbringt und was ihr so not tut, freundlich mitzuteilen. Er dringt in die Tiefen, mehr um sie mit seinem Wesen auszufüllen, als um sie zu erforschen. Er bewegt sich nach der Höhe, mit Sehnsucht, seines Ursprungs wieder teilhaftig zu werden. Alles, was er äußert, bezieht sich auf ein ewig Ganzes, Gutes, Wahres, Schönes, dessen Forderung er in jedem Busen aufzuregen strebt. Was er sich im einzelnen von irdischem Wissen zueignet, schmilzt, ja man kann sagen, verdampft in seiner Methode, in seinem Vortrag.

Geschichte der Farbenlehre, 1810

Heinrich Heine

Plato und Aristoteles! Das sind nicht bloß die zwei Systeme, sondern auch die Typen zweier verschiedenen Menschennaturen, die sich, seit undenklicher Zeit, unter allen Kostümen, mehr oder minder feindselig entgegenstehen. Vorzüglich das ganze Mittelalter hindurch, bis auf den heutigen Tag, wurde solchermaßen gekämpft, und dieser Kampf ist der wesentlichste Inhalt der christlichen Kirchengeschichte. Von Plato und Aristoteles ist immer die Rede, wenn auch unter anderem Namen. Schwär-

merische, mystische, platonische Naturen offenbaren aus den Abgründen ihres Gemütes die christlichen Ideen und die entsprechenden Symbole. Praktische, ordnende, aristotelische Naturen bauen aus diesen Ideen und Symbolen ein festes System, eine Dogmatik und einen Kultus.
Religion und Philosophie in Deutschland, 1834

Georg Wilhelm Friedrich Hegel

Die Inhaltslosigkeit, welche der Platonischen Idee anklebt, befriedigt die reicheren philosophischen Bedürfnisse unseres heutigen Geistes nicht mehr.
Vorlesungen über die Ästhetik

Platon studierte bei vielen Philosophen, gab sich lange, saure Mühe, machte Reisen, war wohl kein produktives Genie, auch kein dichterisches, sondern ein langsamer Kopf. Gott gibt es dem Genie im Schlafe. Was er ihnen im Schlaf gibt, sind dafür auch nur Träume.
Aphorismen aus Hegels Wastebook, 1803–1806

Eins der schönsten Geschenke, welche uns das Schicksal aus dem Altertum aufbewahrt, sind ohne Zweifel die Platonischen Werke. Seine Philosophie aber, die in ihnen nicht eigentlich in systematischer Form vorgetragen ist, daraus darzustellen, ist nicht so sehr durch sie selbst erschwert als dadurch, daß diese Philosophie von verschiedenen Zeiten verschieden aufgefaßt worden, besonders aber von den plumpen Händen neuerer Zeiten vielfach betastet worden ist, die ihre rohen Vorstellungen entweder da hineingetragen, unvermögend das Geistige geistig zu fassen, oder dasjenige für das Wesentliche und Merkwürdigste in Platons Philosophie angesehen, was in der Tat der Philosophie nicht ange-

hört, sondern der Vorstellungsweise. Eigentlich aber erschwert nur Unkenntnis der Philosophie die Auffassung der Platonischen Philosophie.

Platon ist eins von den welthistorischen Individuen, seine Philosophie eine von den welthistorischen Existenzen, die von ihrer Entstehung an auf alle folgende Zeiten für die Bildung und Entwicklung des Geistes der bedeutendsten Einfluß gehabt haben.
Vorlesungen über die Geschichte der Philosophie. Geschichte der griechischen Philosophie, 1833–1836

Friedrich Nietzsche

Dass der Platonische Dialog, diese entsetzlich selbstgefällige und kindliche Art Dialektik, als Reiz wirken könne, dazu muss man nie gute Franzosen gelesen haben, – Fontenelle zum Beispiel. Plato ist langweilig. – Zuletzt geht mein Misstrauen bei Plato in die Tiefe: ich finde ihn so abgeirrt von allen Grundinstinkten der Hellenen, so vermoralisiert, so präexistent-christlich – er hat bereits den Begriff «gut» als obersten Begriff –, dass ich von dem ganzen Phänomen Plato eher das harte Wort «höherer Schwindel» […] als irgendein andres gebrauchen möchte. […] Im großen Verhängniss des Christenthums ist Plato jene «Ideal» genannte Zweideutigkeit und Fascination, die den edleren Naturen des Alterthums es möglich machte, sich selbst misszuverstehen und die Brücke zu betreten, die zum «Kreuz» führte … Und wie viel Plato ist noch im Begriff «Kirche», in Bau, System, Praxis der Kirche!
Götzendämmerung oder wie man mit dem Hammer philosophiert. Was ich den Alten verdanke, 1889

Glaube nur niemand, dass wenn Plato jetzt lebte und platonische Ansichten hätte, er ein Philosoph wäre – er wäre ein religiös Verrückter.
Nachgelassene Fragmente. Herbst 1880

149

Sigmund Freud

Und doch hat die Psychoanalyse mit dieser «erweiterten» Auffassung der Liebe nichts Originelles geschaffen. Der «Eros» des Philosophen Plato zeigt in seiner Herkunft, Leistung und Beziehung zur Geschlechtsliebe eine vollkommene Deckung mit der Liebeskraft, der Libido der Psychoanalyse, […] und wenn der Apostel Paulus in dem berühmten Brief an die Korinther die Liebe über alles andere preist, hat er sie gewiß im nämlichen «erweiterten» Sinn verstanden, woraus nur zu lernen ist, daß die Menschen ihre großen Denker nicht immer ernst nehmen, auch wenn sie sie angeblich sehr bewundern.
Massenpsychologie und Ich-Analyse,
1921

Oswald Spengler

Es ist ein gewaltiger Irrtum theoretischer Menschen, wenn sie glauben, ihr Platz sei an der Spitze und nicht im Nachtrab der großen Ereignisse. […] Die wirkliche Geschichte fällt ihr Urteil nicht, indem sie den Theoretiker widerlegt, sondern indem sie ihn samt seinen Gedanken sich selbst überläßt. Mögen Plato und Rousseau, um von kleinen Geistern ganz zu schweigen, abstrakte Staatsgebäude aufführen – das ist für Alexander, Scipio, Cäsar, Napoleon und ihre Entwürfe, Schlachten und Anordnungen ganz ohne Bedeutung. Mögen jene über das Schicksal reden, ihnen genügt es, ein Schicksal zu sein.
Der Untergang des Abendlandes, 1922

José Ortega y Gasset

Zu den Gestalten der griechischen Antike, die am meisten zur Schwärmerei verführt haben, gehört vor allem Platon. Daraus erklärt sich denn auch, weshalb nach drei langen Jahrhunderten des Platonkultes die Platonforschung beschämenderweise keinen greifbaren und subtileren Fortschritt gemacht hat als den, daß

man so einsichtig und mutig war zuzugeben, daß wir nicht wissen, wer Platon und was der Platonismus ist. Diese Errungenschaft sieht freilich recht unbedeutend aus. Sicher, sie ist kümmerlich. Aber wir haben fast zwanzig Jahrhunderte gebraucht, um so weit zu kommen. Platon (und Griechenland überhaupt) ist nie verstanden worden, und dennoch hat man ihn stets vergöttert. Wie erklärt sich nur dieser ungeheure Bluff? Man hat bei Platon immer das Gefühl, etwas Riesenhaftem, einer Art von geistigem Himalaja gegenüberzustehen. Eine wirklich fruchtbare Zeit wird für die Platonforschung erst dann beginnen, wenn man eingesehen hat, daß man, ehe man von Platon spricht und ihn anbetet (wie die Bergvölker den Himalaja anbeten), erst einmal zu ihm hinaufgestiegen sein muß. Er ist noch immer ein gewaltiges Rätsel, eine wahre Cordillere von Problemen. Und es gibt bei ihm kaum etwas, das nicht mißverständlich wäre.
Griechische Ethik, 1927

Martin Heidegger

Platons Denken folgt dem Wandel des Wesens der Wahrheit, welcher Wandel zur Geschichte der Metaphysik wird, die in Nietzsches Denken ihre unbedingte Vollendung begonnen hat. Platons Lehre […] ist daher nichts Vergangenes. Sie ist geschichtliche «Gegenwart», dies aber nicht nur als historisch nachgerechnete «Nachwirkung» eines Lehrstückes, auch nicht als Wiedererweckung, auch nicht als Nachahmung des Altertums, auch nicht als bloße Bewahrung des Überkommenen. Jener Wandel des Wesens der Wahrheit ist gegenwärtig als die längst gefestigte […] alles durchherrschende Grundwirklichkeit der in ihre neueste Neuzeit anrollende Weltgeschichte des Erdballs.
Platons Lehre von der Wahrheit, 1947

Bibliographie

1. Bibliographien und Forschungsberichte

Brisson, L.: Platon (1958–1975). In: Lustrum 20 (1977), Göttingen 1977, S. 5–304

Brisson, L., Ioannidi, H.: Platon 1975–1980. In: Lustrum 25 (1983), Göttingen 1983

–: Platon 1980–1985. In: Lustrum 30 (1988), Göttingen 1988

–: Platon 1985–1990. In: Lustrum 34 (1992), Göttingen 1994

Cherniss, H. F.: Plato 1950–1957. In: Lustrum 4/5 (1959/1960), Göttingen 1960

MacKirahn Jr., R. D.: Plato and Socrates. A comprehensive bibliography 1958–1973. New York, London 1978

Manasse, E.: Bücher über Platon. In: Philosophische Rundschau, Beiheft 1, 2, 7; Tübingen 1957, 1961, 1976

Saunders, T.: Bibliography on Plato's Laws 1920–1970. New York 1979

Zimbrich, U.: Bibliographie zu Platons Staat. Die Rezeption der Politeia im deutschsprachigen Raum von 1800–1970. Frankfurt a. M. 1994

2. Werke

a) Griechische Gesamtausgabe

Platonis opera, recognovit brevique adnotatione critica instruxit J. Burnet. Oxford 1900–1907

b) Übersetzungen

Platon: Sämtliche Werke in der Übersetzung von Friedrich Schleiermacher. Berlin 1804–1828, [2]1817–1827; neu hg. von W. F. Otto, E. Grassi, G. Plamböck. Hamburg 1957–1959, neu hg. v. U. Wolf, Reinbek 1994, Rowohlt

Platon: Werke in acht Bänden griechisch und deutsch. Hg. von G. Eigler. Darmstadt 1988, Wissenschaftliche Buchgesellschaft

Platon: Sämtliche Dialoge. Übers. u. hg. von O. Apelt in Verbindung mit K. Hildebrandt u. a. Leipzig 1916–1926, Nachdruck Hamburg 1988, Meiner

Platon: Jubiläumsausgabe sämtlicher Werke. Eingeleitet von G. Krüger und O. Gigon, übertragen von R. Rufener. Zürich, München 1974, Artemis

Platon: Werke. Übersetzung und Kommentar. Im Auftrag der Kommission für Klassische Philologie der Akademie der Wissenschaften und der Literatur zu Mainz hg. von E. Heitsch und C. W. Müller. Göttingen, Vandenhoeck & Ruprecht

I 1. Euthyphron (M. Forschner). 2. Apologie (K. Döring). 3. Kriton (K. Döring). 4. Phaidon (Th. Ebert).

II 1. Kratylos (P. Staudacher). 2. Theaitetos (W. Detel). 3. Sophistes (G. Patzig). 4. Politikos (F. Ricken).

III 1. Parmenides (A. Graeser). 2. Philebos (D. Frede, bereits erschienen 1997). 3. Symposium (K. Sier). 4. Phaidros (E. Heitsch, bereits erschienen [2]1997).

IV 1. Alkibiades I (K. Döring). 2. Alkibiades II. 3. Hipparchos (W. Deuse). 4 Erastai (W. Deuse).

V 1 Theages (K. Döring). 2 Charmides (Th. Wolbergs). 3 Laches (Th. Wolbergs). 4 Lysis (M. Bordt, bereits erschienen 1998).

VI 1 Euthydemos (M. Erler) 2 Protagoras (B. Manuwald, bereits erschienen 1999). 3 Gorgias (J. Dalfen). 4 Menon (R. Ferber).

VII 1 Hippias maior (C. W. Müller). 2 Hippias minor (C. W. Müller). 3 Ion (C. W. Müller). 4 Menexenos (Ch. Eucken).

VIII 1 Kleitophon. 2 Politeia I–IV (P. Stemmer), V–VII (A. Schmitt), VIII–X (N. Blössner). 3 Timaios (W. Bernhardt) 4 Kritias (H. G. Nesselrath).

IX 1 Minos. 2 Nomoi I–III (K.
Schöpsdau, bereits erschienen
1994), IV–X (K. Schöpsdau). 3 Epi-
nomis. 4 Epistulae

3. Lexika

Apelt, O.: Platon-Index als Gesamt-
register zu der Übersetzung in der
philosophischen Bibliothek. Leipzig ²1923
Ast, F.: Lexicon Platonicum sive vo-
cum Platonicarum index. Unverän-
derter Nachdruck der Ausgabe von
1835–1838. Bonn 1956
Gigon, O., Zimmermann, L.: Von Abbild bis Zeuxis. Ein Begriffs- und
Namenlexikon zu Platon. Zürich,
München ²1987

4. Sammelbände

Gadamer, H.-G. (Hg.): Idee und Zahl.
Studien zur platonischen Philoso-
phie. Heidelberg 1968
Gaiser, K. (Hg.): Das Platonbild. Zehn
Beiträge zum Platonverständnis.
Hildesheim 1969
Griswold Jr., Ch. L. (Hg.): Platonic
Writings, Platonic Readings. New
York 1988
Heitsch, E.: Wege zu Platon. Beiträge
zum Verständnis seines Argumen-
tierens. Göttingen 1992
Kobusch, T., Mojsisch, B. (Hg.): Pla-
ton. Seine Dialoge in der Sicht neu-
er Forschungen. Darmstadt 1996
– (Hg.): Platon in der abendländi-
schen Geistesgeschichte. Darm-
stadt 1997
Müller, G.: Platonische Studien. Hg. v.
A. Graeser und D. Maue. Heidelberg
1986

5. Biographisches und Gesamt-
darstellungen

Albert, K.: Über Platons Begriff der
Philosophie (Beiträge zur Philoso-
phie 1). St. Augustin 1989
Böhme, G: Platons theoretische
Philosophie. Stuttgart 2000
Bormann, K.: Platon. Freiburg, Mün-
chen 1973
Borsche, T.: Was etwas ist. Fragen
nach der Wahrheit der Bedeutung
bei Platon, Augustin, Nikolaus von
Kues und Nietzsche. München 1990
Bröcker, W.: Platos Gespräche. Frank-
furt a. M. ³1985
Cornford, F. M.: Plato and Parmeni-
des. London 1980 (l. Aufl. 1939)
Crombie, J. M.: An Examination of
Plato's Doctrines. 2 Bände. London
1962 f.
Derbolav, J.: Von den Bedingungen
gerechter Herrschaft. Studien zu
Platon und Aristoteles. Stuttgart
1980
Ebert, Th.: Meinung und Wissen in
der Philosophie Platons. Untersu-
chungen zum ‹Charmides›,
‹Menon› und ‹Staat›. Berlin 1974
Eming, K.: Die Flucht ins Denken.
Die Anfänge der platonischen
Ideenphilosophie. Hamburg 1993
Ferber, R.: Platos Idee des Guten. St.
Augustin ²1989
Friedländer, P.: Platon. 3 Bde. I u. II:
Berlin ³1964, III: ³1975
Gadamer, H.-G.: Plato im Dialog. Tü-
bingen 1991
Gaiser, K.: Protreptik und Paränese
bei Platon. Untersuchung zur Form
des platonischen Dialogs. Stuttgart
1959
Görgemanns, H.: Platon. Heidelberg
1994
Graeser, A.: Platons Ideenlehre. Spra-
che, Logik und Metaphysik. Eine
Einführung. Bern 1975
Gundert, H.: Dialog und Dialektik.

Zur Struktur des platonischen Dialogs. Amsterdam 1971

Guthrie, William K. C.: A History of Greek Philosophy. Bd. III, Teil 2: The Fifth-Century Enlightenment, Band IV: Plato. The man and his Dialogues: Earlier Period. Cambridge 1969 u. 1975; Bd. V: The Later Plato and the Academy. Cambridge 1978

Hare, R. M.: Platon. Eine Einführung. Stuttgart 1990

Heidegger, M.: Platons Lehre von der Wahrheit. Bern ²1954 (1. Aufl. 1947)

Hoffmann, M.: Die Entstehung von Ordnung. Zur Bestimmung von Sein, Erkennen und Handeln in der späteren Philosophie Platons. Stuttgart 1996

Jermann, Chr.: Philosophie und Politik. Untersuchungen zur Struktur und Problematik des platonischen Idealismus. Stuttgart-Bad Cannstatt 1986

Kranz, M.: Das Wissen des Philosophen. Platons Trilogie ‹Theaitet›, ‹Sophistes› und ‹Politikos›. Diss. Tübingen 1986

Krüger, G.: Einsicht und Leidenschaft. Das Wesen des platonischen Denkens. Frankfurt a. M. 1973 (1. Aufl. 1939)

Niehues-Pröbsting, H.: Überredung zur Einsicht. Der Zusammenhang von Philosophie und Rhetorik bei Platon und in der Phänomenologie. Frankfurt a. M. 1987

Patzig, G.: Platons Ideenlehre, kritisch betrachtet. In: Antike und Abendland 16 (1970), S. 113 – 126

Platon. Ausgewählt und vorgestellt von Rafael Ferber. München 1995 (Philosophie Jetzt! Hg. von P. Sloterdijk)

Popper, K. R.: Die offene Gesellschaft und ihre Feinde. Bd. 1: Der Zauber Platons. Tübingen 1980

Reeve, C. D. C.: Philosopher-Kings. The Argument of Plato's Republic. Princeton, N. J. 1989

Sprute, J.: Der Begriff der Doxa in der platonischen Philosophie. Göttingen 1961

Stenzel, K.-H.: Dicta Platonica. Die unter Platons Namen überlieferten Aussprüche. Darmstadt 1987

Steiner, P. M.: Psyche bei Platon. Göttingen 1992 (Neue Studien zur Philosophie 3)

Stemmer, P.: Platons Dialektik. Die frühen und mittleren Dialoge. Berlin 1992

Stenzel, J.: Platon der Erzieher. Hamburg ²1961

– : Zahl und Gestalt bei Platon und Aristoteles. Leipzig, Berlin 1924, Neudruck Darmstadt 1959

Suhr, M.: Platon. Frankfurt a. M. 1992 (Campus Einführungen 1058)

Szlezák, Th. A.: Platon lesen. Stuttgart-Bad Cannstatt 1993

Taylor, A. E.: Plato, the man and his work. London 1960 (1. Aufl. 1928)

Thurnher, R.: Der Siebte Platonbrief. Versuch einer umfassenden philosophischen Interpretation. Meisenheim am Glan 1975

Weizsäcker, C. Fr. v.: Ein Blick auf Platon. Ideenlehre, Logik und Physik. Stuttgart 1981

Wieland, W.: Platon und die Formen des Wissens. Göttingen 1982

6. Zu einzelnen Aspekten

a) Der frühe Platon, Figur des Sokrates

Boder, W.: Die sokratische Ironie in den Platonischen Frühdialogen. Amsterdam 1973

Döring, K.: Der Sokrates der Platonischen Apologie und die Frage nach dem historischen Sokrates. In: Würzburger Jahrbücher 13 (1987), S. 75 – 94

Erler, M.: Der Sinn der Aporien in den Dialogen Platons. Übungsstücke zur Anleitung im philosophischen Denken. Berlin, New York 1987

Patzer, A. (Hg.): Der historische Sokrates. Darmstadt 1987

Puster, R. W.: Zur Argumentationsstruktur Platonischer Dialoge. Die ‹Was ist X?›-Frage in Laches, Charmides, Der größere Hippias und Euthyphron. Freiburg, München 1983

Wolf, U.: Die Suche nach dem guten Leben. Platons Frühdialoge. Reinbek 1996

b) Einzelne Dialoge

Charmides

Schmidt, G.: Platons Vernunftkritik oder die Doppelrolle des Sokrates im Dialog Charmides. Würzburg 1985

Gorgias

Dodds, E. R.: Plato Gorgias. A Revised Text with Introduction and Commentary. Oxford 1959

Irwin, T.: Plato, Gorgias. Transl. with Introd. and Notes. Oxford 1979

Kobusch, Th.: Sprechen und Moral. Überlegungen zum platonischen ‹Gorgias›. In: Philosophisches Jahrbuch 85 (1978), S. 87–108

Ion

Flashar, H.: Der Dialog Ion als Zeugnis platonischer Philosophie. Berlin 1958

Kratylos

Derbolav, J.: Platons Sprachphilosophie im Kratylos und in den späteren Schriften. Darmstadt 1972

Heitsch, E.: Willkür und Problembewußtsein in Platons Kratylos. Wiesbaden 1984

Menon

Merkelbach, R.: Platons Menon. Hg., übersetzt und nach dem Inhalt erklärt von R. Merkelbach. Frankfurt a. M. 1988

Nomoi

Görgemanns, H.: Beiträge zur Interpretation von Platons Nomoi. München 1960 (Zetemata 25)

Müller, G.: Studien zu den platonischen Nomoi. München ²1968 (1. Aufl. 1951; Zetemata 3)

Philebus

Löhr, G.: Das Problem des Einen und Vielen in Platons ‹Philebos› Göttingen 1990 (Hypomnemata 93)

Politeia

Annas, J.: An introduction to Plato's Republic. Oxford 1981

Höffe, O. (Hg): Platon Politeia. Berlin 1997 (Klassiker Auslegen, Bd. 7)

Kersting, W.: Platons ‹Staat›. Darmstadt 1999

Schubert, A.: Platon ‹Der Staat›. Ein einführender Kommentar. Paderborn 1995

Symposion

Dover, K.: Plato, Symposion. Ed. with introduction and commentary. Cambridge 1980

Theaitetos

Bostock, D.: Plato's Theaetetus. Oxford 1988

Detel, W.: Platons Beschreibung des falschen Satzes im Theaetet und Sophistes. Göttingen 1972 (Hypomnemata 36)

Heitsch, E.: Überlegungen Platons im Theaetet. Stuttgart 1988

Timaios

Gadamer, H. G.: Idee und Wirklichkeit in Platos ‹Timaios›. Heidelberg 1974

Gloy, K.: Studien zur platonischen Naturphilosophie im Timaios. Würzburg 1986

c) Zur Chronologie der Dialoge

Brandwood, L.: The Chronology of Plato's Dialogues. Cambridge 1990

Ledger, G. R.: Re-counting Plato. A

Computer Analysis of Plato's Style. Oxford 1989

d) Zur ungeschriebenen Lehre und zur Schriftkritik (Phaidros, Siebter Brief)

Cherniss, H.: Die ältere Akademie. Ein historisches Rätsel und seine Lösung. Heidelberg 1966
Edelstein, L.: Plato's Seventh Letter. Leiden 1966
Erler, M.: Platons Schriftkritik im historischen Kontext. In: Der altsprachliche Unterricht 28 (1985), S. 27–41
Ferber, R.: Die Unwissenheit des Philosophen oder Warum hat Plato die ‹ungeschriebene Lehre› nicht geschrieben? St. Augustin 1991 [Rez. v. Th. A. Szlezák in: Gnomon 69 (1997) S. 401–411]
Gaiser, K.: Platons ungeschriebene Lehre. Studien zur systematischen und geschichtlichen Begründung der Wissenschaften in der Platonischen Schule. Stuttgart 1963, ²1968
Graeser, A.: Kritische Retraktationen zur esoterischen Platon-Interpretation. In: Archiv für Geschichte der Philosophie 56 (1974) S. 71–87
Heitsch, E.: Platon über die rechte Art zu reden und zu schreiben. In: Akademie der Wissenschaften und der Literatur, Mainz, Abhandlungen der Geistes- und Sozialwissenschaftlichen Klasse 1987,4. Mainz, Stuttgart 1987
Krämer, H.-J.: Arete bei Platon und Aristoteles. Zum Wesen und zur Geschichte der platonischen Ontologie. Heidelberg 1959, Amsterdam ²1967
–: Zum neuen Platon-Bild. In: Deutsche Vierteljahresschrift für Literaturwissenschaft und Geistesgeschichte 55 (1981), S. 1–18
Kullmann, W.: Platons Schriftkritik. In: Hermes 119 (1991), S. 1–21
–: Hintergründe und Motive der platonischen Schriftkritik. In: W. Kullmann und M. Reichel (Hg.): Der Übergang von der Mündlichkeit zur Literatur bei den Griechen. Tübingen 1990, S. 317–334
Luther, W.: Die Schwäche des geschriebenen Logos. In: Gymnasium 58 (1961), S. 526–548
Reale, G.: Zu einer neuen Interpretation Platons. Eine Auslegung der Metaphysik der großen Dialoge im Lichte der ‹ungeschriebenen Lehren›. Paderborn u. a. 1993
Szlezák, Th. A.: Platon und die Schriftlichkeit der Philosophie. Interpretationen zu den frühen und mittleren Dialogen. Berlin, New York 1985

7. Platon und seine Zeit

Annas, J.: Platon. In: Pipers Handbuch der politischen Ideen, hg. von I. Fetscher und H. Münkler. Bd. 1. München, Zürich 1988, S. 369–395
Bleicken, J.: Die athenische Demokratie. Paderborn 1995
Buchheim, T.: Die Sophistik als Avantgarde normalen Lebens. Hamburg 1986
Davies, J. K.: Das klassische Griechenland und die Demokratie. München 1983
Meier, Chr.: Die Entstehung des Politischen bei den Griechen. Frankfurt a. M. ³1995
Trampedach, K.: Platon, die Akademie und die zeitgenössische Politik. Stuttgart 1994

8. Nachwirkung

Beierwaltes, W.: Platonismus und Idealismus. Frankfurt a. M. 1972
–: Denken des Einen. Frankfurt a. M. 1985
Blumenberg, H.: Der Sturz des Protophilosophen. Zur Komik der reinen Theorie, anhand einer Rezeptions-

geschichte der Thales-Anekdote. In: W. Preisendanz und R. Warning (Hg.): Das Komische. München 1976 (Poetik und Hermeneutik 7), S. 11–64
–: Höhlenausgänge, Frankfurt a. M. 1989
Dörrie, H.: Der Platonismus in der Antike, begründet von H. Dörrie, fortgef. von M. Baltes. Stuttgart-Bad Cannstatt 1987 ff. Bisher erschienen: Bd. 1: Die geschichtlichen Wurzeln des Platonismus; Bd. 2: Der hellenistische Rahmen des kaiserzeitlichen Platonismus; Bd. 3: Der Platonismus im 2. und 3. Jahrhundert nach Christus; Bd. 4: Die philosophische Lehre des Platonismus

Gaiser, K.: Philodems Academica. Die Berichte über Platon und die Alte Akademie in zwei herkulanenischen Papyri. Stuttgart-Bad Cannstatt 1988 (Supplementum Platonicum 1)
Krämer, H.-J.: Der Ursprung der Geistmetaphysik. Untersuchungen zur Geschichte des Platonismus zwischen Platon und Plotin. Amsterdam 1964, ²1967
–: Die Ältere Akademie, In: Neuauflage von F. Überweg: Grundriss der Geschichte der Philosophie. Die Philosophie der Antike. Bd. 3. Basel, Stuttgart 1983

NAMENREGISTER

ÜBER DEN AUTOR

Uwe Neumann, 1964 geboren, hat Klassische Philologie und Germanistik in Freiburg i. Br. und in Kiel studiert. Er wurde mit einer Arbeit zur antiken Tragödie – «Gegenwart und mythische Vergangenheit bei Euripides» – 1994 promoviert. Von 1993 bis 1997 war er Assistent am Seminar für Allgemeine Rhetorik der Universität Tübingen, seit Sommer 2000 ist er Gymnasiallehrer in Stuttgart.

Uwe Neumann ist Autor der Monographie über Augustinus (rowohlts monographien 50617).

rowohlts monographien
Begründet von Kurt Kusen-
berg, herausgegeben von
Wolfgang Müller und Uwe
Naumann.

Hannah Arendt
dargestellt von
Wolfgang Heuer
(50379)

Aristoteles
dargestellt von J.-M. Zemb
(50063)

Walter Benjamin
dargestellt von Bern Witte
(50341)

René Descartes
dargestellt von Rainer Specht
(50117)

Johann Gottlieb Fichte
dargestellt von
Wilhelm G. Jacobs
(50336)

Michael Foucault
dargestelt von
Bernhard H. F. Taureck
(50506)

Georg Wilhelm Friedrich Hegel
dargestellt von
Franz Wiedmann
(50110)

Karl Jaspers
dargestellt von Hans Saner
(50169)

Immanuel Kant
dargestellt von Uwe Schultz
(50101)

Jean-Paul Sartre
dargestellt von
Christa Hackenesch
(50629)

John Stuart Mill
JÜRGEN GAULKE

Karl Marx
dargestellt von
Werner Blumenberg
(50076)

John Stuart Mill
dargestellt von
Jürgen Gaulke
(50546)

Friedrich Nietzsche
dargestellt von Ivo Frenzel
(50634)

Jean-Jacques Rousseau
dargestellt von
Georg Holmsten
(50191)

Karl Popper
dargestellt von
Manfred Geier
(50468)

Der Wiener Kreis
dargestellt von
Manfred Geier
(50508)

Ludwig Wittgenstein
dargestellt von
Kurt Wuchterl
und Adolf Hübner
(50275)

rowohlts monographien